Stefano Zampieri

Manuale della consulenza filosofica

Strutture, momenti, forme del dialogo

IPOC
www.ipocpress.com

IPOC
49, Via Bernardino Verro
I – 20141 Milano MI
Tel.: 0236550461
Fax.: 0236550461
ipoc@ipocpress.com

Stampato in Gran Bretagna e Stati Uniti su carta esente da acidi

Collana Dialogos.
Diretta da Davide Miccione, Neri Pollastri e Stefano Zampieri

ISBN: 978-88-6772-010-1

Stefano Zampieri

Indice

I. Filosofia, pratica filosofica e consulenza filosofica

1. Una breve premessa

La consulenza filosofica non è la conversazione tra amici, non è la disputa intellettuale, non è l'intervista, non è l'interrogatorio giudiziario o scolastico o giornalistico, non è il discorso del conferenziere, non è la confessione, non è il colloquio diagnostico del medico, non è il dialogo spirituale... potremmo continuare, ma resterebbe sullo sfondo la domanda più ovvia: e allora che cos'è? Vorrei provare a rispondere, ma per farlo bisogna elaborare adeguatamente un percorso di ricerca nel quale ciò che chiamiamo consulenza filosofica non emerga come un effetto residuale, come ciò che resta quando si cancellino tutte le altre forme del colloquio, perché questo è un metodo troppo povero, che non costruisce nulla e lascia alla fine l'amaro in bocca, perché dà la sensazione di aver catturato la preda senza però essere in grado di descriverla. Quindi proverò a procedere in positivo facendo tesoro, in primo luogo, della mia esperienza di filosofo pratico e delle tante occasioni di dialogo con altri filosofi professionisti che ho avuto la fortuna di realizzare in questi anni. Ben sapendo, d'altra parte, che molti scivolamenti sono possibili, che non tutti si potranno riconoscere completamente nell'immagine qui proposta, e che al contempo certi singoli aspetti della consulenza filosofica forse sono comuni anche ad altre forme di colloquio.

Ciò che segue, dunque, non rappresenta una riflessione astratta o semplicemente compilatoria, vuole essere piuttosto un percorso che muova dalla esperienza personale dell'autore, cioè da una pratica quotidiana di incontro e di scambio. E dalla continua approssimazione che quella esperienza determina attraverso i momenti in cui essa è interrogata e messa in questione. Esperienza di dialogo filosofico in una vita filosofica: definirei in questo modo il presupposto che mi ha portato a scrivere queste pagine inevitabilmente provvisorie, ma non per questo meno vincolanti per me, dal momento che rappresentano la descrizione del campo in cui si colloca la mia pratica quotidiana.

Certo nessuna esperienza è mai del tutto ingenua, ma appare sempre come filtrata dalla cultura propria e da quella che circola intorno. Non vi è dunque alcuna pretesa di oggettività o di neutralità, ma vi è piuttosto la pretesa di portare testimonianza di una esperienza reale, filosoficamente interrogata. Potrà servire ad altri, potrà essere discussa e contestata. In ogni caso avrà svolto il suo compito.

Dal mio punto vista, dunque, non si tratta di stabilire in astratto, in teoria, quel che il colloquio filosofico dovrebbe essere, quanto piuttosto di descrivere il modo in cui io lo vivo nella mia pratica di ogni giorno. Ciò non significa che questo percorso non possa essere associato al campo della teoria, ma solo che di una forma diversa di teoria deve trattarsi, intimamente contaminata con la pratica, affioramento razionale di un gesto, e insieme ispirazione del gesto medesimo, percorso di valori che si strutturano come luogo in cui un determinato agire diventa possibile e sensato. Questo è quanto la *pratica filosofica* ci costringe ad ammettere: che il nostro agire è sempre nello stesso momento pratico e teorico, che strappare l'una dimensione dall'altra significa privarsi di un occhio e cominciare a vedere le cose senza profondità e senza prospettiva.

Ancora, che il testo si presenti come un "Manuale" deve essere preso con la dovuta circospezione: qui non vi è alcuna pretesa normativa, né la presunzione di poter indicare l'unica via, il solo modo corretto, l'unica tecnica possibile per condurre il dialogo filosofico. Ciò che si mostra è, piuttosto, un quadro completo della mia personale esperienza di filosofo pratico; da questa testimonianza ognuno ricaverà quanto possibile, quanto riterrà utile, quanto sembrerà riutilizzabile nel proprio lavoro. Le differenze saranno la nostra comune ricchezza, le somiglianze la nostra forza.

2. Una questione di termini

Chiarisco subito la ragione del particolare vocabolario che caratterizza queste pagine: e con ciò non intendo proporre un lessico originale e differente, ma semplicemente dare ragione di una mia scelta personale. Una scelta che in realtà, prima che da riflessioni teoriche, nasce dalla sollecitazione dei miei ospiti, che non accolgono volentieri il termine "consulenza" e invece lo sostituiscono naturalmente, senza bisogno di alcun suggerimento, con le due espressioni "colloquio" e "dialogo". Mi sono chiesto quale potesse essere il senso di questa sostituzione lessicale, e credo di aver percepito una qualche resistenza non completamente esplicitata, non del tutto pensata ma certamente molto forte, nell'accogliere un termine che ha sapore di intervento di fronte a una insufficienza: nel luogo comune, la consulenza è ciò che si cerca di fronte a una incapacità, a un non saper fare, è l'ammissione pubblica di una debolezza, di una inadeguatezza. È comprensibile dunque che l'ospite non voglia presentarsi in questo modo, non voglia assumere la parte di colui che si presenta debole e bisognoso di aiuto. E dunque, modificando la descrizione del gesto che compie (un dialogo, un colloquio, non una consulenza), entra in una parte più facilmente accettabile tanto da un punto di vista personale quanto da un punto di vista sociale.

In realtà c'è una ragione teorica più complessa che sostiene di fatto la mia scelta, perché la traduzione di *Philosophisce Praxis*, l'espressione originaria introdotta da Gerd Achenbach, con "consulenza filosofica" resta una traduzione assai discutibile; c'era, è vero, l'esigenza di introdurre accanto al termine "filosofia" qualcosa che ricordasse anche la sua natura di attività professionale vera e propria, ma "consulenza" introduce uno specialismo operativo e strategico che in realtà è estraneo a ciò che intendiamo comunemente. Per questo accanto all'espressione "consulenza filosofica" uso invece con frequenza nel testo espressioni come *colloquio filosofico* o *dialogo filosofico*, da intendersi come equivalenti.

Detto questo è opportuno chiarire subito anche la prospettiva generale entro cui, qui, si intende collocare la consulenza filosofica. Per essere molto sintetici, visto che la questione verrà sviluppata più avanti, mi limiterò a dire che questa grande avventura, esistenziale prima che disciplinare, nasce nel contesto di una radicale revisione dello statuto della filosofia come disciplina, per indicare la quale è invalso ormai l'uso dell'espressione *pratica filosofica*.[1] Prima, dunque, di entrare nello specifico della consulenza filosofica, è bene chiarire qualcosa proprio in merito ai rapporti fra queste tre dimensioni: la filosofia come disciplina, la *pratica filosofica*, la consulenza filosofica.

3. Innanzi tutto: perché "pratica"?

È necessario partire in primo luogo da un'adeguata comprensione del termine "pratica", una nozione che va intesa in modo allargato perché, in generale, l'uomo si trova sempre immerso in una dimensione di pratiche, ogni suo agire è un agire interno a una precisa dimensione interpretativa, di riferimenti, di linguaggi, di funzioni. In questo senso, sostiene Carlo Sini,

> l'abito della prassi, quell'"aver da fare" che in ogni istante caratterizza l'essere soggetti viventi e operanti (sino al limite "difettivo" del "non aver nulla da fare", che è a sua volta una figura del fare, della prassi) frequenta soglie determinate; tali determinazioni sono appunto riassunte e idealmente comprese nella parola 'pratica'. Si tratta di pratiche di vita e di sapere, ovvero, in termini generali, si tratta del saper fare, del saper dire e del saper scrivere. "Pratica" è così ciò in cui il soggetto è immerso di volta in volta.[2]

Tutti noi, secondo questa prospettiva, viviamo immersi in una dimensione di pratiche, e ogni pratica in cui ci troviamo coinvolti si intreccia e si costituisce di diverse altre pratiche (la pratica della filosofia nella scuola e nell'università, ad esempio, a sua volta si può realizzare attraverso la realizzazione di pratiche di scrittura, di lettura, di interpretazione, di esposizione ecc.). Ancora, ciò significa, secondo Sini, che le cose, gli oggetti con cui noi ci troviamo costantemente ad avere a che fare, sono sempre interni a una pratica determinata, e può arrivare a sostenere che

> tutti i significati, tutti i sensi, tutti i 'valori' (come si ama dire) sono funzioni e conseguenze di una pratica o di una tradizione di pratiche e non realtà oggettive in sé.[3]

---

[1] Per evitare confusioni scriverò sempre in corsivo l'espressione *pratica filosofica*, per indicare che si tratta del nome di un'attività ben distinta da qualsiasi altra "pratica" della "filosofia".

[2] C. Sini, *L'analogia della parola. Filosofia e metafisica*, Milano, Jaca Book, 2004, p. 27

[3] C. Sini, *Filosofia teoretica*, Milano, Jaca Book, 1992, p. 76

Qui non mi interessa sviluppare questo interessante argomento, però al fine del nostro tentativo di chiarire il senso di un particolare uso linguistico è importante notare che anche il filosofare, come ogni altra dimensione umana, si realizza attraverso una pratica, cioè come una ritualità costituita da gesti significativi e ripetibili; ciò significa che, quando il professore universitario fa lezione cattedratica nel silenzio più assoluto, sta realizzando una certa pratica della filosofia (legittima, e utile), e potremmo riesaminare tutta la storia della filosofia al fine di elencare la lunghissima serie di pratiche attraverso cui essa si è manifestata, dalle scuole ellenistiche a quelle monastiche, dal maestro medievale al professore universitario, da Giordano Bruno a Kant ecc. Quello però che voglio sottolineare è che oggi noi ci troviamo di fronte alla filosofia come "pratica scolastica" con regole precise, forme di linguaggio accreditate, modalità comunicative condivise ecc. Questo modello che noi tutti identifichiamo con il modello della filosofia, perché è quello sul quale noi stessi ci siamo formati e che magari esercitiamo, rappresenta ormai il luogo comune intorno alla disciplina filosofica, ma è e resta "una certa pratica", per quanto diffusa e condivisa. Si potrebbe solo osservare che nelle università non c'è, per lo più, molta consapevolezza di esercitare "una certa pratica" della filosofia, ma si pensa piuttosto che il proprio esercizio sia il solo modo (o comunque "il modo giusto") di intendere la filosofia, e si confonde "una" pratica con la qualità della disciplina, la sua scientificità, la sua attendibilità. Direbbe il professore: "Un saggio accademico si deve scrivere in un certo modo perché sia scientifico"; in realtà lo si scrive in un certo modo perché così richiede quella pratica della filosofia che è stata arbitrariamente definita "scientifica".

Quindi, quando noi nominiamo *pratica filosofica* il nostro agire, non stiamo affatto contrapponendo la pratica alla teoria, la concretezza alla fumosità, la praticità operativa all'esercizio astratto, ma un po' ambiguamente (questo è un problema) stiamo cercando di dire che la nostra pratica della filosofia è *diversa* dalla pratica che si realizza nelle scuole o nelle università. Parlare di diversità non significa, però, introdurre giudizi di valore, non si tratta di stabilire quale pratica sia "giusta" o "buona" o "migliore", perché anzi lo sviluppo della cultura filosofica richiede probabilmente la coesistenza di diverse pratiche. Al contempo la contrapposizione non è tra una filosofia che si fa teoricamente e una che si fa invece in modo pratico, e non c'è un "cuore", la vera pratica della filosofia, rispetto al quale si possa essere più o meno vicini o più o meno distanti.[4] Semplicemente ci troviamo di fronte a diverse "pratiche" di una stessa dimensione dell'agire umano.

A questo punto però è legittima la domanda che chiede in che modo si possano e debbano distinguere queste diverse pratiche di una stessa disciplina, e in che misura si tratta appunto della "stessa" disciplina. Sbaglieremmo se ci avventurassimo in una discussione in merito alle diverse finalità delle differenti operazioni: qual è, infatti si potrebbe obiettare, la finalità giusta? Comprendere? Curare? Dare risposte alle difficoltà esistenziali? Contemplare la verità? Sempre ammesso che esista una finalità "giusta", a quali altre finalità si contrappone? La finalità della conoscenza o quella della contemplazione erano forse finalità adeguate al modello classico, ma chi dice che siano ancor oggi un modello valido? E poi le finalità non si intricano l'una con l'altra? Non c'è sempre anche un'altra finalità? Magari involontaria? Insomma, questa prospettiva di discorso non funziona.

Io credo che, se c'è un disegno possibile per descrivere il rapporto tra le diverse pratiche della filosofia, è un disegno che pone al centro le condizioni generali per cui un discorso possa definirsi filosofico, e tutto intorno, alla stessa distanza, come i petali di un fiore, tutte le pratiche attraverso cui quel tipo di discorso si realizza (le condizioni generali infatti esistono solo realizzate, e quindi esistono solo in una qualche pratica!).

4. Ma quali sono le condizioni generali del discorso filosofico?

È questa dunque la domanda che ora s'impone per poter sviluppare e portare a compimento il nostro ragionamento mettendo in discussione la seconda parte della locuzione chiave "*pratica filosofica*".

---

[4] Discute questa prospettiva molto efficacemente, anche se con accenti diversi dai miei, l'importante saggio di Neri Pollastri "La filosofia è una pratica filosofica? Per una più precisa classificazione delle attività filosofiche extra muros", in F. Coniglione (a cura di), *Interpretare, vivere, con-filosofare. Studi in memoria di Rosaria Longo*, Bonanno, Acireale-Roma, 2010. Ma ho tenuto ben presenta anche il saggio di Alessandro Volpone, "Dall'epistemologia della pratica alla filosofia in quanto pratica", in *Discipline Filosofiche*, a. XV, n.1, 2005, pp. 23-54.

Certo rispondere compiutamente a simile domanda richiederebbe un lavoro da far tremare le vene dei polsi, ma è possibile almeno fissare qualche punto di riferimento e chiarire qualche malinteso, nel senso che, ad esempio, non si deve pensare che la filosofia sia solo quella che si insegna a scuola, cioè la sua storia; naturalmente è *anche* questo, ma se vogliamo trovare, riducendo all'osso il nostro ragionamento, le "condizioni generali" per cui un discorso può essere definito "filosofico", allora abbiamo due possibilità, ed entrambe sono necessarie. Intendo dire che prima di tutto il discorso filosofico (così come accade per il discorso scientifico, quello poetico, quello romanzesco ecc.) è quel tipo di discorso che si fonda (o meglio bisognerebbe dire si auto-fonda) sulla tradizione di un certo numero di opere che tiene ferme come punti di riferimento, come modelli di linguaggio, come repertorio di locuzioni e di figure, come vocabolario. In questo senso dovrebbe essere intesa la nota battuta di Whitehead secondo cui tutta la storia della filosofia occidentale non sarebbe che una serie di note a margine all'opera di Platone. C'è qualcosa di vero, la filosofia è prima di tutto il riferimento a un canone di opere e di autori che costituisce il suo campo, anche se l'attribuzione è sempre stata molto complessa; i limiti di questo campo, infatti, appaiono assai confusi, spesso debordando, almeno in tempi recenti, nella direzione della letteratura e persino della poesia, quanto un tempo debordavano verso la teologia.

L'altra possibilità è quella di pensare al *gesto* della filosofia. Gli antichi, com'è noto, dicevano che la filosofia nasce dalla *meraviglia*: è questo l'atteggiamento originario contenuto tanto nelle parole di Platone

è proprio del filosofo questo che tu provi, di essere pieno di meraviglia, né altro cominciamento ha il filosofare che questo[5]

così come è proprio delle parole di Aristotele quando ribadisce che

gli uomini hanno cominciato a filosofare, ora come in origine, a causa della meraviglia.[6]

---

[5] Platone, *Teeteto*, in *Tutti gli scritti*, Milano, Bompiani, 2000, 155d.
[6] Aristotele, *Metafisica*, Rusconi, Milano, 1993, I, 2, 982b,

La meraviglia è ciò che strappa le cose, gli eventi, i rapporti dallo stato dell'indifferenza in cui sfuggono e scompaiono, e li tiene invece saldamente presenti con la forza dell'interrogazione. Cioè appunto il gesto filosofico per eccellenza.[7] Il gesto che si realizza quando riusciamo a strappare le cose, le persone, gli eventi dall'indifferenza con cui ci si presentano. Ciò che è strappato dall'indifferenza e diventa occasione di meraviglia suscita in me degli interrogativi, delle domande che mi spingono a cercare delle risposte, o almeno a porre delle questioni. Così la filosofia può essere intesa in primo luogo come questa sorta di passo indietro, che faccio per osservare le cose, gli eventi, le persone, le relazioni, i concetti, i discorsi stessi, per osservarli e chiedermene il significato, il valore, la consistenza, la sostanza ecc. Cioè per metterli in questione. Ecco il primo gesto della filosofia, comunque la si intenda: è *fare un passo indietro per mettere in questione*, frapporre una minima distanza per poter interrogare.

Ma non basta: perché il discorso filosofico ha la caratteristica di costruire discorsi razionali o, meglio ancora, sottoposti alla verifica della razionalità, controllati alla luce della ragione. Il discorso filosofico è sempre un discorso che si pone la questione della propria razionalità, è discorso che fa i conti con le strutture logiche del pensiero e quindi con qualche forma di verità, comunque la si voglia intendere. Non mi soffermo a chiarire di quale razionalità (e di quale verità) parliamo, a quale tipo di ragione sto alludendo, a quale forma di fondamento veritativo perché sarebbe già entrare nella disciplina. Mi limito a dire che un discorso filosofico può sempre interrogarsi sul suo contenuto di razionalità, può sempre metterlo in discussione.

Ma c'è ancora un elemento da ricordare per chiarire la specificità del discorso che chiamiamo "filosofia": si tratta infatti di un discorso interrogativo che non solo ha cura della propria razionalità, ed è rivolto a qualche forma di verità, ma adotta anche uno sguardo "panoramico", nel senso che la prospettiva dalla quale parla il filosofo, anche quando magari parla di sé e dei propri sentimenti, anche quando è preso nell'analisi interiore o realizza l'antico precetto del "conosci te stesso", il suo modo di parlare è sempre "panoramico" cioè rivolto a tutti, posto di fronte a tutti, ciò che dice è detto sempre di fronte a un pubblico, anche solo potenziale. E coinvolge tutti. Il

---

[7] Per un approfondimento di questo tema si veda il mio *Introduzione alla vita filosofica. Dalla consulenza filosofica alla vita quotidiana*, Milano, Mimesis, 2010.

discorso della filosofia non è mai un discorso privato, e la mia interrogazione appartiene comunque a una dimensione comune, può essere collocata in una storia, in un tempo, in una condizione pubblica. L'*io* della filosofia è sempre, essenzialmente, un *noi*.

Riassumendo (cfr. Figura 1) potremmo così indicare le condizioni essenziali che qualificano un discorso come filosofico: una certa *presa di distanza* dalle cose (il gesto della meraviglia); il costituirsi come *interrogazione*; l'essere sempre in condizione di fare i conti con la propria *modalità razionale* e con le strutture logiche del pensiero; l'essere orientato a una qualche forma di *verità*, e infine quella di presentare una *prospettiva panoramica*, di essere, cioè, discorso "comune" che appartiene a tutti, che riguarda tutti.

Tradizione

Presa di distanza (meraviglia)

Interrogazione

Modalità razionale

Orientamento alla verità

Prospettiva panoramica

Figura 1

Sulla base di questa drastica semplificazione è possibile allora tracciare graficamente l'immagine del rapporto tra le diverse pratiche della filosofia, e tra queste collocherò non solo la filosofia accademica, cioè quella che si fa nelle Università e negli Istituti di ricerca, ma anche la filosofia "scolastica", per intendere quella che si fa invece nelle scuole, nei licei, e la ricerca filosofica solitaria, oltre la cosiddetta *"pratica filosofica"*, al cui genere appartiene la "consulenza filosofica"; ma ci metterò anche pratiche quali la filosofia "spettacolo", per intendere quella pratica della filosofia veicolata dai media, dai *talk show*, dai "festival" ecc., e la divulgazione filosofica, come una pratica da intendere a sé stante con le sue regole e le sue specificità. Si veda allora la Figura 2.

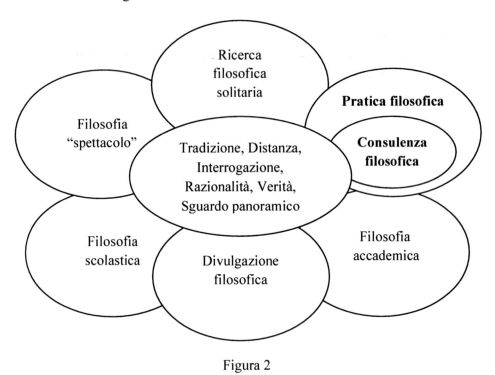

Figura 2

5. Un primo confronto

Fatto questo primissimo chiarimento, volto a collocare ciò che chiamiamo *"pratica filosofica"* fra altre pratiche della filosofia, è bene precisare il percorso che segue la mia analisi. La struttura logica della mia argomentazione è infatti la seguente:

a) il discorso filosofico ha una serie di caratteristiche proprie rispetto ad altre forme di discorso;

b) tra le diverse modalità (o meglio "pratiche") attraverso cui si può realizzare il discorso filosofico ne individuiamo una nuova, che chiamiamo "*pratica filosofica*" (anche se l'espressione è un po' ambigua: sembra alludere al fatto che le altre forme non siano anch'esse delle pratiche, mentre lo sono), anch'essa con delle caratteristiche proprie, e ben distinta dalle altre forme, la filosofia come disciplina scolastica, come divulgazione, come spettacolo ecc.;

c) all'interno della *pratica filosofica* riconosciamo la forma della consulenza filosofica che si distingue da altri modelli, come il Cafè-Philo, il Dialogo Socratico, la Comunità di Ricerca, la Philosophy for Children ecc. e finalmente se ne analizzano le caratteristiche.

Purtroppo è necessario questo non breve giro prima di poter entrare completamente nell'oggetto di questo Manuale, per evitare le molte ambiguità e i numerosi malintesi che un vocabolario piuttosto approssimativo ha causato fino a oggi.

Vorrei a questo punto soffermarmi un momento a riflettere discutendo la questione a partire da un volumetto davvero molto istruttivo di uno dei maggiori filosofi italiano del Novecento, Fulvio Papi, il quale descrive con chiarezza e con trasparenza la filosofia nella sua pratica disciplinare, cioè proprio quella rispetto alla quale la "*pratica filosofica*" vorrebbe distinguersi. Ne emergono tre questioni intimamente collegate che vorrei schematicamente proporre, e rispetto alle quali sarà immediato constatare la distanza tra le due diverse modalità di intendere e agire la filosofia.

5.1 Il testo scritto o l'oralità

In primo luogo, secondo Papi,

la filosofia oggi è tutta scritta e la comprensione filosofica ha il suo luogo naturale nel testo scritto, rispetto al quale la lezione orale ha il solo scopo di mettere dinanzi ai discenti il testo filosofico in una sceneggiatura che lo renda sociale e collettivo e tolga quindi all'apprendimento la situazione, spesso molto difficile se non penosa, della solitudine.[8]

Qui si vede benissimo la prima differenza essenziale: da un lato una filosofia che si concretizza nel testo scritto e intende il momento dell'oralità solo come momento di mediazione rispetto al testo, una mediazione che aiuta a socializzare la conoscenza e a superare la noia dello studio solitario. Il centro, il fulcro, la chiave di volta della filosofia resta il testo.
In questo senso Papi può affermare che

> capire la filosofia significa essere in grado di prendere in mano un testo filosofico, leggerlo con attenzione e alla fine della lettura, che dovrà essere corredata da sussidi indispensabili come note a margine, schede e riepiloghi, saperne parlare con ordine seguendo i temi principali e le loro argomentazioni, e, ancor meglio, essere in grado di scriverne.[9]

Si riconosce senza difficoltà in questa descrizione la pratica della filosofia come da un paio di secoli si vive all'interno delle università, e in generale nel campo della ricerca che comunque si realizza all'interno della stessa pratica, oltre che dello stesso luogo fisico.[10]
D'altra parte Papi è perfettamente consapevole che la filosofia fin dalla sua origine è vissuta nelle piazze, al mercato, nella dimensione quotidiana del dialogo, ma, egli afferma, in tutti questi casi la filosoficità che si realizza è dominata da obiettivi, anche se magari impliciti,

> che hanno a che vedere con l'utile, con la prudenza, nel caso migliore con la saggezza o altre virtù o vizi che hanno i loro estremi nella solidarietà e nell'individualismo.[11]

---

[8] F. Papi, *Capire la filosofia*, Ibis, Como-Pavia, 1993, p. 30.
[9] Ivi, p. 33.
[10] A margine, infatti, si potrebbe anche notare che ormai non sembra che vi sia produzione filosofica fuori dalle università, e quindi le diverse finalità dell'istituzione universitaria, formazione e ricerca, non si distinguono affatto dal punto di vista della pratica, ma costituiscono la medesima pratica della filosofia. Da questo punto di vista proprio il fatto che la "pratica filosofica" sia nata e si sviluppi fuori dell'università ha un significato non casuale.
[11] Ivi, p. 38.

Ora, secondo il filosofo accademico tutte queste esperienze "più che al processo veritativo della filosofia appartengono alla retorica",[12] una retorica di basso livello, proprio perché non accede al testo scritto, e si concretizza piuttosto nel modo

> delle massime, dei proverbi, delle parabole connesse con tutto ciò che orienta la vita nello scambio quotidiano e le dà continuità e sicurezza. Ma non si tratta di filosofia, che è uno specifico processo veritativo di tesi secondo argomentazioni pertinenti che trovano il loro "luogo materiale" nella figura scritta del testo come luogo e oggetto del capire.[13]

Qui, dunque, la distanza è massima: perché ciò che noi chiamiamo "*pratica filosofica*" si colloca invece proprio al livello dell'oralità, del dialogo reale fra persone, e assume le modalità della vita (diciamo pure saggezza, prudenza, virtù ecc.) come propri fini espliciti senza risolverli in una vuota retorica, in una chiacchiera, ma al contrario cercando di realizzare una trasformazione autentica delle persone e del loro modo di stare al mondo, e lo strumento di questo processo è uno strumento razionale – non suggestivo o persuasivo – e veritativo, nella forma di una verità locale, cioè sottoposta e sottoponibile a interrogazione.[14]

A margine però di questa riflessione non posso fare a meno di porre un'osservazione che ritengo importante: se è vero che la distinzione chiave tra la filosofia tradizionale e la *pratica filosofica* sta prima di tutto in una contrapposizione tra testo e dialogo, ciò non deve essere inteso come una sottovalutazione del testo nell'ambito filosofico. Certo, esso non è il centro del dialogo filosofico, ma al contempo esso ha un ruolo essenziale e insostituibile sotto il profilo dello sviluppo culturale. Il testo rappresenta una garanzia di diffusione democratica delle idee, ed è certamente il fulcro di qualsiasi processo collettivo di conoscenza. È lavorando sui testi che possiamo illustrare a distanza (nello spazio e nel tempo) e costruire quella scena pubblica in cui le intelligenze si confrontano, i processi si chiariscano, i fe-

---

[12] Ivi, p. 38
[13] Ivi, p. 39
[14] Più avanti nel Manuale chiarirò adeguatamente il senso di questi termini qui introdotti solo per chiarire in modo immediato la distinzione tra pratica filosofica e filosofia come disciplina accademica.

nomeni culturali e sociali si articolano e si diffondono. La stessa *pratica filosofica* ha bisogno dunque del testo per il suo sviluppo culturale (non quindi semplicemente per la sua promozione), per il confronto tra operatori che riflettono intorno al proprio operato, per chiarire a loro stessi prima che al pubblico la natura di questa pratica. Di qui anche il senso di questo Manuale.

I saperi che sopravvivono solo per via orale sono quelli tipici delle sette o comunque di conventicole chiuse ed elitarie; i saperi che prendono forma anche nel testo scritto, invece, possono confrontarsi, possono essere valutati universalmente, possono essere contestati, possono essere ricostruiti nella loro genesi e nel loro sviluppo, in generale entrano nella sfera pubblica e si sottopongono alla libera discussione anche critica. La filosofia ha dunque bisogno del testo, ma nella sua versione di *pratica filosofica non dipende da esso*, il suo centro non è più solo la testualità, ma è l'oralità, il dialogo.[15]

5.2 Il ruolo del dialogo (mediazione o fondamento)

Si tratta, dunque, di contrapporre una pratica centrata sul testo e una pratica centrata sul dialogo. Papi, però, sembra voler rispondere a quello che definisce un "luogo comune", cioè l'idea che si possa fare buona filosofia attraverso la discussione; ora, fa notare, il problema della pratica dialogica

> è il "da dove" vengono le varie competenze che si incontrano nel discorso collettivo. Un dislivello troppo rilevante rende completamente inutile il dialogo poiché mancano troppe competenze linguistiche che siano in comune.[16]

Insomma, il punto per il filosofo accademico è questo: fare filosofia significa comunque fare uso del linguaggio della filosofia, vale a dire il linguaggio che viene dallo studio dei testi, che in questo modo viene presupposto. Non se ne esce, nessun discorso filosofico può realizzarsi se non a partire dal testo

---

[15] Per la discussione di alcune delle molte questioni aperte intorno al tema del rapporto tra pratica filosofica e testualità si possono leggere l'ultima parte di Pollastri e Miccione, *L'uomo è ciò che pensa*, Trapani, Di Girolamo, 2008, e la "Tavola rotonda su 'Pratica Filosofica e scrittura'" tra me, Pollastri, Miccione, e Giacometti in *Phronesis*, Anno VII, numero 13, ottobre 2009, pp. 47-72.

[16] Papi, *Capire la filosofia*, cit., p. 63.

filosofico stesso, in una ricorsività e circolarità che dovrebbe farci pensare a una separatezza difficile da superare.

Ciò che invece definiamo *pratica filosofica* parte dalla presunzione che il dialogo, appunto, sia il fondamento di questo modo di intendere la filosofia, e rifiuta l'idea che esso richieda l'adesione a un linguaggio specialistico; in realtà si richiede la costruzione di un linguaggio "filosofico", certo, ma ciò non significa necessariamente il linguaggio della disciplina, piuttosto un linguaggio controllato e condiviso, in cui si riducano le oscillazioni di significato che rendono difficile la comprensione, e si fissino piuttosto parole chiave dense di valore intorno a cui interrogare l'esperienza. E proprio qui, però, incontriamo la terza obiezione del filosofo accademico.

5.3 Il ruolo dell'esperienza

È chiaro dunque, ma lo vedremo meglio nel prossimo paragrafo, che il centro della nostra pratica è il dialogo, e che il particolare uso linguistico razionale e veritativo di cui si serve ha l'esperienza vissuta come proprio riferimento e come costante elemento di confronto. Qui incontriamo la terza obiezione essenziale; il filosofo accademico è chiaro:

> Un buon consiglio per mettersi in condizione di avere una relazione positiva con il capire la filosofia è non mettere sempre la propria esperienza in primo piano. Questo significa abbandonare il pregiudizio che la filosofia sia in linea di continuità con la propria esperienza.[17]

Verrebbe da chiedersi cosa resti della filosofia se se ne sottragga la continuità con l'esperienza, ma d'altra parte non è difficile osservare che il filosofo che allontana in via di principio l'esperienza dal dominio della filosofia vera e propria, quando poi ne descrive fenomenologicamente l'agire, consente all'esperienza di rientrare nel campo in un modo che lui giudica marginale, e invece a me pare essenziale. Leggiamo le sue parole:

> La filosofia, quando interviene con il suo modo di produrre discorsi, parla di cose che entrano nella nostra esperienza, oltre che di oggetti che sono proprio e solo filosofici, ma ne parla prendendo le distanze dall'immediato valore

[17] Ivi, p. 79.

esecutivo delle parole. Introduce parole ovvie nel senso comune come azione, successo, grazia ecc., ecc. in nuovi contesti linguistici in cui trovano schemi di riferimento molto più complessi e, in questo modo, si arricchiscono di significati che sono completamente nuovi.[18]

Non mi soffermo sull'idea cui Papi qui allude di passaggio – che ci siano oggetti propri ed esclusivi della filosofia – perché si aprirebbe una questione molto complessa, riassumibile in alcuni non facili interrogativi: cosa significa essere un oggetto esclusivamente filosofico? È possibile immaginare un oggetto che non abbia alcuna relazione con l'esistenza? E in quel caso, perché dovrebbe valere la pena occuparsene? E a quel punto, come distinguere la filosofia dall'enigmistica?

Ciò che mi pare interessante è che Papi colga perfettamente il modo in cui, in un dialogo filosofico, il linguaggio comune sia preso e ricollegato in una struttura di argomentazioni, di critiche, di confronti, di contrasti, di ragioni e di torti, e così si arricchisca, e non perché si sia piegato all'altro linguaggio, quello tecnico e specialistico dei filosofi lettori di libri, ma perché, affrontato con l'atteggiamento dialogico razionale e veritativo della filosofia, esso vi risulta riabilitato. Così arriviamo al paradosso che il filosofo, nel momento in cui vuole descrivere proprio quella filosofia accademica rispetto alla quale la *"pratica filosofica"* deve prendere le distanze, con la fine acutezza che distingue i grandi interpreti della realtà, possa descrivere un gesto nel quale riconosciamo perfettamente lo spazio in cui la *pratica filosofica* si inserisce. È un passo che merita di essere evidenziato:

> Possiamo dire che la pratica filosofica [i.e. la filosofia come disciplina] assomiglia a una nuova costruzione dell'esperienza e a un allenamento della intelligenza (e anche della affettività) a partecipare a un mondo che è capace di interpretare da capo gran parte della nostra esperienza comune, e quindi di configurarla in un modo più complesso e meno ovvio.[19]

Esatto: il discorso filosofico riconfigura continuamente l'esperienza evidenziandone le complessità, al di là dei luoghi comuni e delle assunzioni non meditate, e in questo modo ci mette in condizione di vivere il nostro mondo.

---

[18] Ivi, p. 80.
[19] *Ibidem.*

Ma lo fa molto più efficacemente proprio in quanto *pratica filosofica* piuttosto che come disciplina accademica.

5.4 Il linguaggio d'esperienza

Completiamo questo primissimo percorso conoscitivo indagando un tratto distintivo della *pratica filosofica* rispetto ad altre pratiche della filosofia: il rapporto con l'esperienza. Anche qui bisogna chiarire alcune cose essenziali.

Ho detto che questa diversa pratica della filosofia esige un linguaggio di natura differente da quello tipico delle pratiche impostate sotto il profilo disciplinare, un linguaggio altro rispetto a quello che si ritiene autorizzato dalla citazione e che costruisce discorsi intrecciando questioni emerse dai testi prima che dalla vita, un linguaggio che vorrei definire *linguaggio d'esperienza*. Diciamo, per una prima approssimazione, che il linguaggio d'esperienza si distingue da quello disciplinare della filosofia, pur senza ignorare alcun contenuto della disciplina stessa, né i suoi concetti, né la sua storia. Ma l'esperienza chiama in causa le persone e i gesti: il concetto filosofico allora acquisisce un significato dal fatto che *mi riguarda, ci riguarda*. Così nel colloquio filosofico è normale mettere a tema importanti concetti filosofici, quali i concetti di libertà, di giustizia, di verità ecc., ma proprio per quanto essi ci sono propri, per quanto in essi è ancora materia viva della mia, della nostra vita, interrogazione che contiene un'urgenza, domanda che esige una risposta per me, per noi, per la mia vita, per la nostra vita, per la conduzione ottimale della mia e della nostra esistenza.

Ciò che è in gioco non è dunque la sequenza di quanto è stato pensato nella storia della filosofia intorno a determinati temi, non è il conflitto tra le argomentazioni dei filosofi né l'adesione a un modello piuttosto che a un altro. Ciò che è in gioco è la mia esperienza della libertà, della giustizia, dell'autonomia, è a partire da essa che quei termini devono essere interrogati. Questo impone ovviamente un modo del tutto nuovo di utilizzare il testo filosofico fuori del rigore storiografico (ma senza cadere in un assurdo sincretismo che annulli le differenze); si tratta di rileggere i testi classici, non di ignorarli. In questo modo, è chiaro, si dà il benvenuto, o forse meglio il bentornato, all'elemento della vita che la pratica disciplinare della filosofia da tempo tiene a distanza (fino, in certi casi, a perderlo di vista completamente). La vita torna a essere l'oggetto della filosofia.

Un linguaggio di questa natura deve essere per forza libero dai vincoli del pensiero ossessivo, quello che si avviluppa intorno alle fissazioni ideologiche e pregiudiziali, intorno ai luoghi comuni e alle risposte già date, standardizzate, omologate (ed è questo, ovviamente, anche il suo rischio maggiore). Perché deve piuttosto essere in grado di seguire le nostre vicende mano a mano che si realizzano, con lo strumento principe della filosofia: l'interrogazione, il gesto con cui mettiamo sotto esame continuamente le nostre scelte, le nostre certezze, i nostri errori, il nostro disagio. Perché, come dice Gadamer, "chi vuol pensare, deve interrogarsi".[20]

L'interrogazione, dunque, la messa sotto esame dell'esistenza: è questo che il colloquio filosofico esige e che ci porta a rifiutare ogni omologazione, a non accontentarci dei valori che ci vengono imposti dall'ambiente. In fondo è proprio questo che si nasconde nella situazione della meraviglia che, come ho già ricordato, i greci immaginavano quale atto di nascita della filosofia.

5.5 Il modello circolare

Per chiarire i tratti di cui abbiamo bisogno per questa nostra esigenza di identificazione certa, dobbiamo tornare però alla questione della filosofia in generale, cui già si accennava nel paragrafo precedente. Si è detto che per rendersi conto della natura del colloquio filosofico bisogno comprendere l'emergere di una modalità diversa di vivere la filosofia.

Certamente la filosofia è una, con la sua storia, la sua tradizione, il suo corpus di opere, la sua genealogia di pensatori, da Talete a Severino, i suoi confini, per quanto labili, approssimativi, sempre discutibili e revisionabili, sostanzialmente artificiosi. Ma anche con tutte le difficoltà di collocazione che ben conosciamo, e con tutte le ambiguità di definizione di ruolo tra filosofi, letterati, teologi e scienziati, abbiamo comunque una immagine sostanzialmente unitaria e coerente di un ambito disciplinare che definiamo "filosofia". Se, dunque e con tutte queste cautele, possiamo dire che la filosofia è una, tuttavia molte sono le pratiche attraverso le quali si è realizzata nel tempo. In

---

[20] H. G. Gadamer, *Verità e metodo*, Milano, Bompiani, 1983, p. 433.

particolare, oggi, il *modello frontale* è la pratica dominante, quella che dà il volto alla filosofia come disciplina scolastica e universitaria, di studio e di ricerca, come trasmissione di una storia (secondo il modello di insegnamento soprattutto europeo) oppure come divulgazione di testi scientifici in base a criteri ben precisi di linguaggio. Sappiamo che non è sempre stato così, che la filosofia degli antichi è una pratica differente, che quella medievale risponde ad altre esigenze, e che solo dal XVIII secolo in poi essa comincia a trovar luogo nelle università nella forma disciplinare che oggi le riconosciamo. La pratica alla quale dobbiamo far riferimento, dunque, è il frutto di molti passaggi storici, discende dalle modificazioni e successive ristrutturazioni della cultura in generale, delle istituzioni che la veicolano, dei rapporti sociali che la sostengono ecc.

Ma collochiamoci nella contemporaneità, e osserviamo quello che ho chiamato *modello frontale*. Lo definisco in questo modo per alludere propriamente alla dislocazione spaziale nel dialogo, perché la spazialità è di già una precisa *petitio principi* comunicativa. Immaginiamo la dislocazione classica dell'oratore che pronuncia il suo discorso: è posto di fronte al suo uditorio, tutti guardano lui ed egli vede tutti; mentre gli altri si danno reciprocamente le spalle, egli solo è il centro della situazione discorsiva, quasi una sorta di *panopticon*, capace di vedere e controllare l'espressione di tutti gli interlocutori, di misurare la pluralità e l'individualità, di giocare con le differenze. Viceversa tutti gli altri si rivolgono a lui solo, e anche quando parlano si rivolgono a lui innanzi tutto e solo marginalmente e quasi per una conseguenza imprevista anche agli altri uditori. Il discorso è inesorabilmente unidirezionale (e ovviamente la situazione cambia poco se immaginiamo un oratore monologante o una situazione di "dibattito"), e potremmo rappresentarla con una semiretta che dall'oratore si indirizza all'uditorio, ed eventualmente (ma non necessariamente) alcune semirette molto più piccole che dall'uditorio si rivolgono all'oratore (è il caso appunto del dibattito, della discussione, nella quale l'oratore "risponde" alle domande, perché le domande non circolano, ma vanno e vengono lungo la stessa linea discorsiva).

Il modello frontale che si realizza oggi nelle aule o nelle sale conferenze, o su un palco, o in qualunque altro luogo, indipendentemente dall'argomento di cui si parla (intendo: si può discutere anche della *pratica filosofica* in una modalità frontale, senza cioè realizzarla), costituisce una pratica importante della filosofia, anzi irrinunciabile, ma è appunto solo una delle pratiche possibili. Ma il dialogo filosofico appartiene a un'altra pratica della filosofia, e quindi richiede una diversa modalità di presentazione, un linguaggio diverso, una situazione differente. La pratica frontale della filosofia è per lo più (ma non necessariamente) quella della filosofia intesa come disciplina, come insieme di contenuti, anche perché è certamente la più efficace in quanto strumento di trasmissione del sapere, di un sapere che per lo più si affida a un linguaggio autorizzato e fondato sulla citazione che costituisce garanzia di attendibilità e di "scientificità", e ha talvolta per scopo solo quello di perpetuare se stessa in quanto inesauribile commento al *corpus* delle proprie opere.

Ciò che chiamiamo *pratica filosofica*, si è detto, appartiene a un'altra modalità operativa, che potremmo definire per simmetria come *modello circolare*, intendendo con questa espressione prima di tutto, ma non solo, la dislocazione spaziale dei membri del colloquio, sia in senso fisico letterale che in senso simbolico, come sostanzialmente equidistanti dal fuoco del discorso, unanimemente e democraticamente autorizzati a esserne partecipi e protagonisti, affermazione dunque di uno spazio nel quale ci si appresta al *con-filosofare*, con un linguaggio d'esperienza, allo scopo di fare chiarezza sulle condizioni del nostro essere al mondo (cfr. Figura 3).

Alcuni vedono, in questo, una sorta di ritorno all'antico, cioè al gesto originario socratico del filosofo che scende in piazza, che va al mercato, che va nelle palestre a cercare i propri interlocutori tra la gente comune, i non filosofi, per discutere di filosofia con loro, per mettere in crisi le loro certezze. Certo questa è solo un'immagine stereotipata di Socrate, ma è quella che sta alle spalle del gesto riproposto dalla *pratica filosofica*. L'oralità, la dialogicità, l'agire con tutti, e in particolare con i non filosofi, gesti che possiamo attribuire a un socratismo un po' di maniera, ma sufficiente per il nostro riferimento. Ove sia ben chiaro che non al "detto" socratico ci si riavvicina, perché esso appartiene al suo tempo alla sua storia allo spazio dell'antico, alla dimensione complessa e lontana della *polis* greca, ma al suo "gesto". Un gesto dunque, non una dottrina. La *pratica filosofica* non può che muovere dunque da una diversa pratica reale della filosofia, è solo da questo punto di vista che essa può adeguatamente rendere ragione della sua filosoficità.

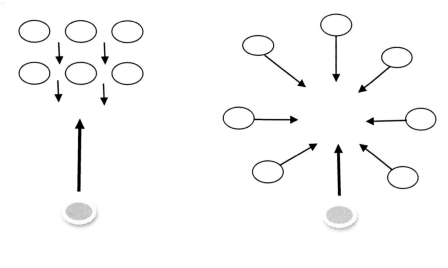

MODELLO FRONTALE   MODELLO CIRCOLARE

Figura 3

5.6 L'implicazione dei soggetti

Fatto questo chiarimento generale, possiamo riprendere l'esplicitazione degli elementi che caratterizzano la *pratica filosofica* e che sono stati anticipati nei paragrafi precedenti. Ci sono infatti alcuni tratti che dobbiamo prendere in considerazione e sviluppare, se vogliamo avere a disposizione gli elementi di base per riconoscere al primo sguardo una situazione di *pratica filosofica* e distinguerla dunque da altre situazioni. Questi diversi tratti rientrano a mio modo di vedere in una formula che li riassume: il principio di implicazione dei soggetti.

Alludo in primo luogo al fatto che il modello circolare di questa pratica filosofica è funzionale a uno spostamento di ruolo degli attori dell'evento: si tratta cioè di realizzare una *presenza attiva* contrapposta alla presenza pas-siva che caratterizza le situazioni classiche (scuola, conferenza, platea ecc.).

①　Per presenza attiva si deve intendere in primo luogo *l'esserci* reale delle persone coinvolte, le quali non possono più essere anonimi spettatori, e devono piuttosto mettersi in condizione di scambiare lo sguardo reciprocamente e poi di sanzionare l'esserci con una presentazione individuale, almeno al livello minimo di riconoscimento, il nome per intendersi, o a livelli anche di maggiore articolazione a seconda dei casi, e soprattutto di partecipare attivamente all'evento dialogico.

②　In secondo luogo l'implicazione dei soggetti prevede *il mettersi in gioco* da parte di tutti gli attori, cioè sia del filosofo che dei partecipanti, anche se ovviamente il grado di messa in gioco dipende dalla specifica situazione, e da altri fattori aggiuntivi (situazione occasionale o percorso di molti incontri, temi toccati, confidenza reciproca ecc.). Inoltre l'implicazione dei soggetti, la presenza attiva, comporta che tutti i partecipanti siano attori dell'evento, senza che nessuno, nemmeno il filosofo, sia protagonista.

È chiaro che al principio dell'implicazione dei soggetti appartiene anche ciò che già ho detto relativamente al linguaggio d'esperienza, ovvero il fatto che ciò di cui si discute in qualche modo (da definirsi) riguardi tutti i partecipanti, sia cioè qualcosa per cui vale la pena interrogarsi non per semplice curiosità o per il solo desiderio di sapere (che prelude alla situazione pedagogica), ma comporti un qualche gesto secondo, a esso collegato, anche se solo in via ipotetica. Deve essere qualcosa che in qualche modo *mi riguarda*. Certo non è semplice chiarire con una formula cosa questo significhi, ma si può ben pensare che si tratti di essere coinvolti in situazioni in cui ciò di cui si parla è qualcosa di proprio, che sta in qualche modo nella *mia* esistenza, e rispetto al quale posso presumere prima o poi una condizione di trasformazione. Dunque, un seminario sulla verità in Aristotele può essere inteso come una situazione di filosofia tradizionale o come una *pratica filosofica*, ciò che distingue le due pratiche è la realizzazione dei presupposti appena indicati: che la situazione abbia una natura dialogica, che si realizzi attraverso un modello circolare di presenza attiva, e che il tema, la libertà, sia interrogato per dare risposta a una mia domanda personale, non a una semplice curiosità intellettuale.

5.7 Il quadro sintetico

Ho chiarito, dunque, che la *pratica filosofica*, rispetto alla filosofia come disciplina e alle altre forme di manifestazione odierna della filosofia, ha queste evidenti caratteristiche: d'essere intimamente connessa alla dimensione della oralità molto più che alla scrittura, di assumere il dialogo come proprio fondamento e non come semplice strumento, e di porre il ruolo decisivo dell'esperienza, nel contesto della implicazione dei soggetti, che richiede una presenza attiva e una messa in gioco dei partecipanti al dialogo.

Chiudo allora questo capitolo introduttivo con un doppio Quadro riassuntivo d'insieme (Figure 4 e 5), prima riferito al discorso filosofico in generale e poi alla "pratica filosofica" come tale.

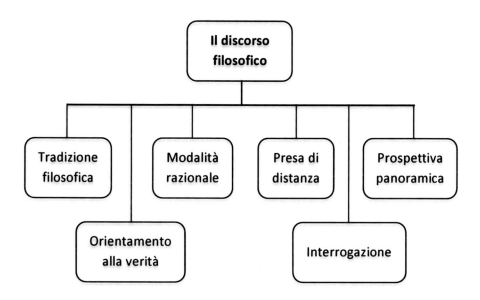

Figura 4

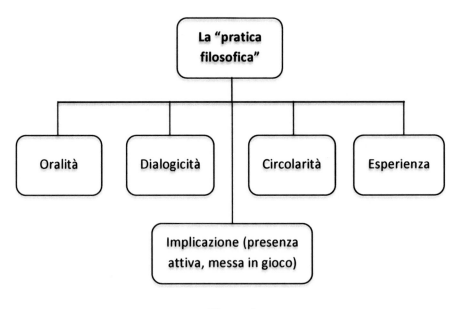

Figura 5

Deve essere chiaro che questi schemi sono assolutamente astratti, cioè che precedono la reale apparizione delle forme del discorso filosofico e delle pratiche filosofiche. Servono solo da riferimento orientativo, nel senso che, ad esempio, nella filosofia come disciplina accademica convivono analitici e continentali, materialisti storici e neoplatonici, parmenidei e fenomenologi ecc., cioè diversità radicali apparentemente incomponibili, ma che comunque risiedono all'interno di questo quadro di fondo per cui tanto gli uni quanto gli altri non hanno dubbi sulla reciproca appartenenza a un medesimo discorso filosofico, per quanto lontanissime siano le loro argomentazioni, i loro interessi, le loro credenze.

Allo stesso modo, allora, non deve stupire che nella nozione di *pratica filosofica* si possano racchiudere attività apparentemente molto diverse, come il colloquio individuale e di gruppo, il Dialogo Socratico, la Philosophy for Children o for Community, il laboratorio, la comunità di ricerca ecc. La Figura 5 mostra che cosa si chiede a una attività filosofica per essere riconducibile alla dimensione della *"pratica filosofica"*. Lascio a ognuno il compito di valutare se l'attività che realizza, o nella quale è stato coinvolto, rientra innanzi tutto nella dimensione del discorso filosofico in generale (cfr. Figura 4) e poi in quella della *pratica filosofica* (cfr. Figura 5). In questo senso, tanto per fare degli esempi, un'attività di meditazione silenziosa in cui i partecipanti non siano chiamati a dialogare, a mio modo di vedere, non rientra nel nostro ambito; e così ugualmente una attività di tipo spirituale in cui non si possa mettere in discussione ogni termine della discussione, oppure una attività in cui la spiegazione del conduttore sovrasti il diritto di tutti a partecipare attivamente. Oppure, ancora, immaginiamo una situazione centrata sul "sentire" individuale piuttosto che sul dialogare: non si tratta più, a mio avviso, di una situazione di *pratica filosofica*.

6. Un quadro d'insieme della consulenza filosofica

Per chiudere coerentemente questo quadro generale delle delicate distinzioni tra filosofia in senso tradizionale, pratica filosofica e consulenza filosofica è bene chiarire che la consulenze filosofica, appartenendo alla dimensione della filosofia in quanto "*pratica filosofica*", ne condivide tutte le caratteristiche appena elencate. Tuttavia a questi elementi di base vanno aggiunti i tratti specifici di questa pratica particolare distinta dalle altre pratiche filosofiche. Sarà compito di questo Manuale elencare e discutere tali caratteristiche distintive.

Per avere ben chiaro l'intero quadro definitorio mi sembra opportuno proporre subito uno schema riassuntivo molto essenziale, precisando che ovviamente per il dettaglio delle singole voci bisognerà fare riferimento al resto del Manuale. Vorrei anche precisare che questa schematizzazione è nata dal confronto e dallo scambio di esperienze tra filosofi consulenti all'interno di *Phronesis*, Associazione italiana per la consulenza filosofica.

' QUADRO 1
Sintesi delle caratteristiche della consulenza filosofica

◆ Si realizza nel rapporto tra un filosofo consulente e un consultante oppure un gruppo di consultanti. La consulenza filosofica di gruppo rispetta i criteri sottoesposti e si distingue dalle diverse Pratiche Filosofiche.

◆ Ruota intorno a un vissuto problematico (questioni etiche, relazionali, esistenziali, decisioni complesse, dubbi, revisioni progettuali, scelte, separazioni, lutti, cambiamenti ecc.) che il consultante, o il gruppo di consultanti, si trova ad affrontare; nel caso della consulenza filosofica di gruppo le questioni problematiche sono portate dal gruppo in quanto questioni comuni ai componenti del gruppo o condivisibili/confrontabili in termini di esperienza.

◆ Si articola in un percorso di chiarificazione esistenziale.

◆ Opera tramite la messa in questione interrogativa delle esperienze, dei vissuti, dei valori, delle visioni del mondo, delle forme di pensiero, delle ragioni così come emergono nel corso del dialogo.

◆ Riconduce il discorso del consultante (o i discorsi dei consultanti) ai suoi (loro) presupposti – concetti, principi e valori – in modo da far emergere la visione del mondo che costituiscono e le eventuali incoerenze e incongruenze con il modo in cui viene condotta la vita.

◆ Si serve di tutto il patrimonio di riflessioni, argomentazioni, figurazioni, narrazioni proprio della tradizione filosofica.

◆ Rende possibili trasformazioni, precisazioni ed eventuali ampliamenti della visione del mondo del consultante (o dei consultanti):
  a. attraverso procedimenti di narrazione, appropriazione, ridescrizione, creazione, scoperta;
  b. proponendo percorsi creativi, metaforici, immaginativi;
  c. aprendo scenari e prospettando alternative.

◆ Si pone come obiettivo l'attivazione delle risorse di pensiero individuali che consentano al consultante di far fronte autonomamente alle problematiche della vita.

QUADRO 1 (segue)
Sintesi delle caratteristiche della consulenza filosofica

♦ Ha il fine di chiarire, arricchire, rendere più articolata e profonda la visione del mondo del consultante (o dei consultanti) sulla base del presupposto che discutere l'esperienza in modo chiaro, ricco, complesso e profondo sia condizione ottimale per orientarsi nel mondo.

♦ Si realizza in forma dialogica: per dialogo, in senso filosofico, intendiamo uno scambio verbale tra due o più interlocutori, a carattere prevalentemente argomentativo, che richiede:

    a. la sforzo di intendere le ragioni degli altri;

    b. l'impegno a far sì che l'altro possa esprimersi in piena libertà, nel rispetto dei propri interlocutori;

    c. il rifiuto di accettare alcun punto di vista per via di autorità;

    d. la determinazione nel sottoporre a costante vaglio critico le argomentazioni proposte;

    e. un atteggiamento di ascolto critico ma non giudicante.

♦ Presuppone una partecipazione attiva al dialogo del filosofo quanto di tutti i partecipanti.

♦ Tutto ciò che viene posto in discussione concerne l'esperienza di vita, singola o associata, del consultante, e non ha mero valore culturale.

♦ Non presuppone, da parte del partecipante, cognizioni filosofiche né un particolare livello culturale. Il filosofo utilizza un linguaggio accessibile ai propri interlocutori e si assicura che il dialogo poggi costantemente su parole e concetti condivisi, o almeno negoziati nel loro significato d'uso, e su quello che in generale può essere definito un linguaggio d'esperienza.

♦ Pone i diversi interlocutori su un piano di parità e pari dignità, pur riconoscendo una diversità di ruolo.

♦ È contraddistinta da un generale atteggiamento di franchezza reciproca.

♦ Non consiste nell'insegnare dottrine filosofiche o nell'imporre determinate concezioni del mondo, per quanto "sagge" queste possano apparire.

♦ Richiede l'adesione esplicita e consapevole da parte del consultante.

♦ Non ha finalità di natura terapeutica.

Ritroveremo tutte queste caratteristiche ampiamente esposte e descritte analiticamente nello sviluppo del Manuale.

II. Quale colloquio?

Si è riflettuto troppo poco sul fatto che la consulenza filosofica è, prima di tutto, *una specifica forma di colloquio.* Abbiamo visto che essa rispetta le caratteristiche della *pratica filosofica,* ma al contempo possiede numerose specificità proprie, e nel capitolo precedente ho fornito un primo quadro sintetico di esse. Ora si tratta di avvicinarci progressivamente a una descrizione completa, e per farlo mi sembra necessario partire appunto dalla sua natura di "colloquio".

Può essere utile, in questa direzione, fare un quadro, per quanto rapido e sommario, relativamente alle diverse tipologie del dialogo che noi conosciamo, collocando fra queste il dialogo filosofico, con le sua specificità. Naturalmente partirò dal colloquio psicoterapeutico, al quale la consulenza filosofica individuale è stata immediatamente avvicinata per quell'ovvio meccanismo in base al quale, di fronte a un fenomeno sostanzialmente nuovo, si tende a comprenderlo avvicinandolo ad altri fenomeni già noti. Certe vaghe somiglianze di *setting* hanno dunque fatto pensare ad alcuni che il dialogo filosofico fosse nient'altro che l'ennesima nuova forma di quello psicologico. È necessario smentire con fermezza questa idea e operare delle distinzioni nette e facilmente riconoscibili.[1] Proverò a farlo ridimensionando l'importanza di simile confronto, situandolo cioè nel contesto generale di una revisione dello spazio del colloquio filosofico all'interno della plura-

---

[1] Un percorso di riflessione su questi temi, molto analitico e articolato, lo si può trovare nel volume *Sofia e psiche. Consulenza filosofica e psicoterapie a confronto,* a cura di G. Giacometti, Napoli, Liguori, 2010.

lità delle altre pratiche dialogiche di varia natura, per arricchire il quadro delle differenze e quindi dell'identità della consulenza filosofica.

Per dare un certo ordine al confronto mi limiterò a mettere in questione alcune categorie standard per arrivare a una tabella di sintesi (cfr. Quadro 2: Le forme del colloquio). Prenderò dunque in considerazione in primo luogo il campo d'azione di ogni particolare forma di colloquio, e poi lo scopo che esso si prefigge, esplicitamente o implicitamente, ma anche il determinato rapporto con la verità che esso instaura, e poi di seguito la tecnica discorsiva che mette in atto e infine la particolare relazione tra soggetti che presuppone.

1. Il colloquio psicoterapeutico

Qual è *il campo* del colloquio psicoterapeutico? Lo psicoanalista Antonio Alberto Semi non ha dubbi: se facciamo un paragone con la semeiotica medica che distingue due fasi fondamentali nell'esame del paziente, quella dell'anamnesi e quella dell'esame obiettivo, allora certamente il colloquio psicoterapeutico corrisponde alla fase dell'esame obiettivo (della "visita", della palpazione ecc.). Si chiede Semi:

> Ma a quale tipo di realtà si rivolge questo particolarissimo esame obiettivo? Alla realtà psichica dell'individuo che vi sta di fronte. Non c'è nessun'altra risposta. Un colloquio richiesto a uno psichiatra o a uno psicologo non può avere nessun'altra finalità. L'unica realtà per la quale dovremmo essere sufficientemente attrezzati è quella psichica.[2]

Se invece ci spostiamo al margine estremo del campo psicologico, nelle pratiche di *counseling*, scopriamo che

> diversamente dalla psicoterapia, il *counseling* non si propone di curare l'individuo ma di aiutarlo nel suo cammino di crescita. (...) Il *counseling* non affronta problematiche collegate o derivanti dalla psicopatologia, ma si propone di gestire difficoltà connesse ai compiti evolutivi del cliente. (...) Il *counseling* è finalizzato a facilitare una migliore conoscenza di sé e l'accettazione dei propri problemi emotivi e a portare avanti la propria crescita emozionale e lo sviluppo ottimale delle proprie risorse personali.[3]

---

[2] A. A. Semi, *Tecnica del colloquio*, Milano, Raffaello Cortina, 1985, pp. 2-3.
[3] V. Calvo, *Il colloquio di counseling*, Bologna, Il Mulino, 2007, pp. 18-19.

L'obiettivo dunque è diverso, ma di fatto il campo su cui insistono il colloquio psicoterapeutico e il colloquio di *counseling* è lo stesso, ovvero la realtà interiore dell'individuo, la dimensione ove risiedono emozioni, emotività, risorse personali ecc. In entrambi i casi, comunque, risulta evidente la netta differenza tra il colloquio psicoterapeutico o di *counseling* e, ad esempio, il colloquio giudiziario, che ha scopo prettamente informativo e per campo la realtà dei fatti, e quello filosofico, che invece ha per scopo una prospettiva emancipativa dell'individuo nella collettività e per campo *le ragioni dei fatti,* come si vedrà meglio in seguito.

Se invece ci spostiamo a osservare *lo scopo* delle diverse pratiche, ecco che lo psicoanalista può elaborare una definizione precisa, secondo la quale

il colloquio è lo strumento che utilizziamo per comprendere – nella maniera più precisa possibile – com'è fatta la mente del paziente. Questo è l'unico scopo del colloquio.[4]

Rispetto a questo scopo essenziale ogni altro appare subalterno. Così è facile distinguere il colloquio psicoterapeutico da quello degli storici, dei poliziotti, dei giudici: costoro cercano di ottenere informazioni sulla realtà delle cose e dei fatti. Mentre nel colloquio psicoterapeutico lo psicologo, qualsiasi cosa venga detta dal suo interlocutore, non può dimenticare di avere a che fare con la dimensione psichica: in questo senso e in questo ambito, afferma recisamente Semi, "non è possibile mentire"[5] perché il discorso dell'altro è comunque rivelativo della sua personalità psichica, cioè "sintomatico", al di là di ogni negazione o di ogni resistenza. Se dunque è così, conclude Semi, non possiamo fare a meno di riconoscere che questa tesi

implica che non sia possibile, per esempio, interessarsi contemporaneamente della realtà psichica del paziente e della sua realtà materiale.[6]

Il dialogo giudiziario invece ha per campo d'azione la realtà dei fatti, e solo parzialmente quella delle ragioni, che assumono la forma di movventi, cioè essenzialmente di elementi di colpa; il dialogo filosofico viceversa non

---

[4] A. A. Semi, *Tecnica del colloquio*, cit., p. 6.
[5] Ivi, p. 4.
[6] Ivi, p. 5.

ha per oggetto la realtà psichica dell'ospite né il funzionamento della sua mente, quanto piuttosto proprio ciò che lo psicologo sembra escludere in via di principio, ovvero il dominio delle cose e dei fatti, e soprattutto delle ragioni che sostengono i fatti nel loro svolgersi e li rendono possibili.

Ho accennato poco sopra al fatto che nelle pratiche psicoterapeutiche il discorso dell'altro "non può mentire" per il semplice motivo che comunque, qualsiasi cosa si dica esplicitamente, il terapeuta saprà leggervi la realtà psichica retrostante che non si può nascondere, mentre nel colloquio giudiziario e filosofico il discorso dell'altro è sempre portatore di verità e di menzogna, lo si prende sul serio e lo si interroga rispetto alle sue contraddizioni esplicite, e anzi il suo contenuto di verità o menzogna è centrale nel colloquio giudiziario (che si attesta intorno a un criterio di verità come corrispondenza ai fatti), mentre nel dialogo filosofico assume soprattutto la forma morale della sincerità.

Se poi volessimo indagare le tecniche discorsive che si realizzano all'interno delle diverse pratiche, ci troveremmo invischiati in una rete di questioni tecniche assai intricata perché dipendente dalle innumerevoli varietà di approcci terapeutici; tuttavia, a rischio di essere accusato di eccessiva semplificazione, credo di non essere lontano dalla realtà se indico come elementi essenziali (non esclusivi, ovviamente) della tecnica discorsiva caratterizzante il colloquio psicoterapeutico le libere associazioni (soprattutto nella pratica psicoanalitica), la riformulazione e il silenzio; ove per riformulazione si intende anche la cosiddetta "risposta a specchio" suggerita da Rogers, cioè una risposta che ripete con altre parole ciò che il cliente ha appena detto, rinforzandolo nella convinzione di essere ascoltato empaticamente e costringendolo a prendere atto delle parole che dice, e a sviluppare il proprio discorso.

Nella pratica del *counseling*, certamente la tecnica discorsiva caratterizzante è proprio quella della riformulazione, che rappresenta "la manifestazione dell'atteggiamento umano e relazionale che si attua nel *counseling*".[7] Invece il colloquio giudiziario si basa sull'interrogatorio, cioè sull'alternarsi di domande e risposte in un'unica direzione, mentre il colloquio filosofico si basa, come vedremo opportunamente nelle pagine seguenti, sulla tecnica della

---

[7] V. Calvo, *Il colloquio di counseling*, cit., p. 115.

messa in questione, cioè della interrogazione sotto diversi profili di specifici temi emersi nel discorso.

Infine possiamo osservare queste diverse forme di colloquio dalla prospettiva del tipo di relazione cui esse danno vita. Nelle pratiche psicoterapeutiche, ma anche nel *counseling*, la relazione tra operatore e paziente/cliente è fondamentale; anzi, con un'espressione efficace che possiamo estendere alle altre pratiche psicoterapeutiche, Vincenzo Calvo afferma che

il *counseling* è l'uso professionale di una relazione. Nel *counseling* la relazione con il cliente è il principale "strumento di lavoro".[8]

Non è così, ovviamente, né nel colloquio giudiziario, dove invece la relazione è mediata da questioni come quelle relative alla responsabilità, alla colpa, alla pena, né nel colloquio filosofico, ove invece le relazioni che sono in gioco sono essenzialmente le relazioni intersoggettive, vale a dire la dimensione morale dell'esistenza.

Tutto questo discorso, ovviamente, non può che suonare schematico e riduttivo, tuttavia mi pare essenziale proporlo per poter costruire una cornice di senso entro cui elaborare il resto della ricerca. In questo caso i dettagli potranno essere presi in considerazione successivamente, cioè dopo aver chiarito preliminarmente la collocazione del colloquio filosofico rispetto alle altre pratiche dialogiche.

2. Altre forme di colloquio

A questo punto vorrei completare il mio discorso accennando anche ad altre forme di colloquio che appartengono a questa vasta galassia: l'intervista, il colloquio medico, il colloquio giudiziario, al quale ho già accennato, il colloquio spirituale, il colloquio di selezione, il colloquio educativo, il colloquio di vendita, il colloquio di orientamento, il colloquio amicale.

Molto schematicamente, dal momento che qui si tratta essenzialmente solo di orientarsi, e rimandando ad altri luoghi eventuali specifici confronti,[9]

---

[8] Ivi, p. 18
[9] Nella collana "Phronesis" dell'editore Liguori sono in corso di stampa una serie di ricerche dedicate appunto al confronto tra pratiche; è già uscito il volume *Sofia e psiche* a cura di

inizierei dal *colloquio medico* che ha ovviamente fine diagnostico e per campo d'applicazione l'organismo umano; in esso il discorso dell'altro è prima di tutto un sintomo, o un segno che si ricollega a un sintomo, il mezzo attraverso cui si sviluppa è l'esame obiettivo, e la relazione cui dà vita è la tipica relazione medico / paziente.

Nel *colloquio giudiziario*, che ha certamente, come si è detto, uno scopo informativo (l'accertamento dei fatti, come si usa dire) e come campo di azione appunto la realtà degli stessi, ove le ragioni sono tutt'al più moventi, cioè elementi di colpa, il discorso dell'altro è sempre portatore di verità o di menzogna, e il compito del colloquio è proprio quello di mettere alla prova la veridicità del discorso, intesa come corrispondenza alle cose. La tecnica utilizzata è quella dell'interrogatorio in cui si alternano domande e risposte all'interno di una dimensione di ricerca della verità e di possibile falsità; la diffidenza e il sospetto sono alla base dell'atteggiamento dell'operatore rispetto al suo interlocutore, e fra loro le relazioni che si sviluppano sono solo relazioni giuridiche, nelle quali si mette in discussione la responsabilità, la colpa, la pena con l'ausilio di riferimenti di valore ben precisi, ovvero i codici.

Anche il *colloquio giornalistico* ha una finalità meramente informativa che si applica sul campo della realtà dei fatti, dei personaggi, dei fenomeni; in esso il linguaggio dell'altro è inteso prima di tutto come una testimonianza, e il mezzo di lavoro è quello dell'intervista, che dà vita a un relazione tra operatore e testimone.

Il *colloquio spirituale* ha per fine il richiamo alla fedeltà al testo sacro e per campo d'azione la coscienza religiosa individuale, mentre dal punto di vista del fattore di verità che sostiene il discorso dell'altro appare come una ricerca di corrispondenza della verità individuale rispetto a quella riconosciuta come superiore; così il mezzo attraverso cui il colloquio si esplica è quello del confronto dialogico tra esperienza individuale e sacra Scrittura; e infine la relazione cui dà luogo è quella tra la guida spirituale e il discepolo.

Giorgio Giacometti, mentre *Paideia*, a cura di Maria Luisa Martini e Anna Mignone, affronta il rapporto con le pratiche educative; *Sofia e Agape*, a cura di Chiara Zanella, si occupa del rapporto tra pratiche filosofiche e pratiche religiose, e *Sofia e Polis*, curato da me, affronta il tema del confronto tra pratiche filosofiche e pratiche politiche.

Il *colloquio di selezione*, invece, ha fine valutativo, e si fissa sulla personalità del candidato, il discorso del quale "non può mentire" nel senso che è "sintomatico", come abbiamo visto sopra riferito all'attività di *counseling*; lo strumento utilizzato è quello dell'intervista o della conversazione libera, e le relazioni che si realizzano tra l'operatore e il candidato sono strumentali, orientate alla dimensione economica.

Dell'*intervista*, utilizzata nella ricerca psicosociale e sociologica, nella ricerca formativa e organizzativa, se ne possono indicare diverse tipologie, a partire dalla distinzione tradizionale tra interviste strutturate (domande standardizzate, ordine di somministrazione predefinito) e interviste non strutturate (domande non standardizzate, ordine non prevedibile). Ma vi è anche *l'intervista narrativa* centrata sul racconto di storie relative a un particolare aspetto dell'esistenza, o storia di vita, cioè ricostruzioni complessive di una biografia, o cronache, cioè ricostruzioni in terza persona della vita di una singolo individuo.

Il *colloquio educativo*, oltre che il fine valutativo, ha naturalmente fine formativo, e oggetto di lavoro sono le discipline, mentre l'ambito veritativo è quello della verità obiettiva, scientifica; si realizza attraverso la forma della lezione, della conferenza, del dialogo, e dà vita alla classica relazione educativa tra maestro e discepolo.

Il *colloquio di vendita* ha, da parte sua, un'esplicita finalità utilitaristica, e il suo campo d'azione sono gli interessi o i desideri della persona; il fattore di verità sorge dal discorso persuasivo (convincere, far credere, rendere vero ecc.); lo strumento di lavoro è il dialogo che si serve delle tecniche retoriche e la relazione tra venditore e acquirente che si sviluppa come una relazione strumentale di natura economica.

Il *colloquio di orientamento* rientra esplicitamente tra le relazioni di aiuto alla persona,[10] e si fonda sul peso determinante di tre variabili: il rapporto tra il soggetto e la sua esperienza formativa, il rapporto tra il soggetto e la sua esperienza lavorativa, e il potenziale individuale. Ognuna di queste variabili viene analizzata rispetto alla dimensione cognitiva (gli schemi personali, le rappresentazioni sociali), a quella emotiva (i vissuti soggettivi) e a quella esplicativa (cioè la capacità di comprendere che ciò che accade

[10] Cfr. M. L. Pombeni, *Il colloquio di orientamento*, Roma, La Nuova Italia Scientifica, 1996.

dipende dalla propria autodeterminazione e la capacità di portare a termine un compito). Lo scopo è, ovviamente, quello di orientare il soggetto mettendo in luce la sua personalità e le sue aspirazioni, sapendo che il discorso dell'altro può coprire la verità, e servendosi della forma dell'intervista o del dialogo in cui un operatore si rapporta con un cliente.

Infine, magari con una certa forzatura, possiamo mettere in questo quadro anche il *colloquio amicale* che ha finalità edonistica, cioè si fa per puro piacere, e ha un campo indeterminato, mentre dal punto di vista veritativo può contenere sia verità che menzogna, e si sviluppa attraverso la libera conversazione in una relazione sostanzialmente paritaria, almeno in linea di principio.

QUADRO 2
Tipologie del colloquio

	Colloquio psicoterapeutico
Campo	Realtà psichica
Scopo	Diagnostico/terapeutico (Comprendere com'è fatta la mente del paziente/delineare la struttura della personalità)
Fattore di verità	Il discorso dell'altro "non può mentire" (è sintomo)
Tecnica discorsiva	Libere associazioni. Riformulazione. Silenzio
Relazione	Relazione operatore/paziente
	Colloquio di counseling
Campo	Realtà psichica
Scopo	Gestire le difficoltà connesse ai compiti evolutivi della persona
Fattore di verità	Il discorso dell'altro "non può mentire" (è sintomo)
Tecnica discorsiva	Riformulazione
Relazione	Relazione operatore/cliente
	Colloquio giudiziario
Campo	La realtà dei fatti (ragioni = moventi, elementi di colpa)
Scopo	Informativo
Fattore di verità	Il discorso dell'altro è portatore di verità o di menzogna (verità come corrispondenza)
Tecnica discorsiva	Interrogatorio (domanda/risposta)
Relazione	Relazioni Giuridiche (responsabilità colpa pena)
	Consulenza filosofica
Campo	**Le ragioni dei fatti**
Scopo	**Emancipativo**
Fattore di verità	**Il discorso dell'altro è portatore di verità e menzogna (verità come sincerità)**
Tecnica discorsiva	**Messa in questione (interrogazione)**
Relazione	**Relazioni etiche, intersoggettività**

QUADRO 2
Tipologie del colloquio (segue)

Colloquio medico

Campo	Organismo
Scopo	Diagnostico
Fattore di verità	Il discorso dell'altro è rappresentazione di sintomi
Tecnica discorsiva	Esame obiettivo
Relazione	Relazione medico/paziente

Colloquio spirituale

Campo	Lo coscienza religiosa
Scopo	Richiamare alla fedeltà al testo sacro
Fattore di verità	Il discorso dell'altro è ricerca di corrispondenza con la Verità riconosciuta
Tecnica discorsiva	Confronto dialogico tra esperienza individuale e Sacra Scrittura
Relazione	Relazione guida spirituale/discepolo

Colloquio giornalistico

Campo	Realtà dei fatti/personaggi
Scopo	Informativo
Fattore di verità	Il discorso dell'altro è testimonianza
Tecnica discorsiva	Domanda/risposta
Relazione	Relazione operatore/testimone

Intervista psico-sociologica

Campo	Esistenze individuali
Scopo	Informativo
Fattore di verità	Il discorso dell'altro è testimonianza/prova
Tecnica discorsiva	Domanda/risposta
Relazione	Relazione operatore/testimone

QUADRO 2
Tipologie del colloquio (segue)

Colloquio di selezione

Campo	Personalità del candidato
Scopo	Valutativo
Fattore di verità	Il discorso dell'altro "non può mentire"
Tecnica discorsiva	Domanda/risposta – conversazione libera
Relazione	Relazioni strumentali economiche; operatore/candidato

Colloquio educativo

Campo	Discipline
Scopo	Formativo/valutativo
Fattore di verità	Verità obiettiva scientifica
Tecnica discorsiva	Lezione/Conferenza/Dialogo
Relazione	Relazione educativa maestro/discepolo

Colloquio di vendita

Campo	Interessi/desideri
Scopo	Utilitaristico
Fattore di verità	Discorso persuasivo
Tecnica discorsiva	Dialogo/tecniche retoriche
Relazione	Relazioni strumentali economiche; venditore/acquirente

Colloquio di orientamento

Campo	Personalità e aspirazioni
Scopo	Orientativo
Fattore di verità	Il discorso dell'altro "non può mentire"
Tecnica discorsiva	Domanda/risposta/dialogo
Relazione	Relazione operatore/cliente

Colloquio amicale

Campo	Indeterminato
Scopo	Edonistico
Fattore di verità	Contiene verità e menzogna
Tecnica discorsiva	Conversazione libera
Relazione	Relazione paritaria

3. La natura filosofica del colloquio

Abbiamo detto che la consulenza filosofica si realizza essenzialmente in forma dialogica; è bene chiarire ulteriormente che cosa intendiamo quando parliamo di un colloquio "filosofico".

Ho già fatto notare come la dialogicità sia caratteristica propria della *pratica filosofica* in generale; in questo senso essa risponde alla necessità di superare il monologismo tipico del pensiero occidentale, quel modo di essere e di definirsi che da Cartesio in poi ritiene che la verità vada cercata nel discorso solitario e introspettivo, nel foro interno, nella coscienza individuale, nel silenzio della propria stanza, nell'annullamento di ogni disturbo esterno, se non addirittura nella cancellazione del mondo. Questo modo d'essere, che è divenuto luogo comune della cultura propria di questo nostro mondo occidentale, ha fatto di noi individui sempre più convinti di doverci fondare come soggetti esclusivi, unità scisse da ogni pluralità, l'uno in competizione con l'altro, ognuno alla ricerca di una propria impossibile esclusività e, allo stesso tempo, mortificato da una omologazione che non risparmia nessuno. Ecco: la pratica filosofica in quanto è essenzialmente "dialogo" tenta di rompere questa condizione del pensiero, una condizione che Achenbach stigmatizza giustamente quando afferma che

> il pensiero semplicemente soggettivo, solitario, abbandonato dall'altro, il pienamente soggettivo, il singolo sentimento, escluso da ogni comunicazione e dal riconoscimento attraverso l'altro, ci uccide o ci porta alla follia.[11]

È in questo senso, allora, che espressioni come dialogo o colloquio[12] filosofico possono essere usate in questo Manuale come sinonimi di "con-

---

[11] G. Achenbach, *La consulenza filosofica*, Milano, Apogeo, 2004, p. 127.
[12] Ho riflettuto a lungo sulla opportunità di preferire il termine "dialogo" o il termine "colloquio". Non c'è dubbio che nel primo si senta evocato il *dia-lègein*, la divisione, la contrapposizione degli interlocutori, l'alternanza delle battute, mentre nel termine colloquio si potrebbe sentire piuttosto risuonare il *sullègein*, cioè il mettere insieme, il raccogliere, l'adunanza (sintetizzo così una autorevole suggestione di Mario Ruggenini, cfr. *Dire la verità*, Genova-Milano, Marietti, 2006, p. 91). Tuttavia troppo forte mi appare il richiamo di una tradizione che nel dialogo ha trovato la propria realizzazione sia formale (i *Dialoghi* di Platone solo per fare un esempio eminente) sia concettuale, come accade ad esempio in un pensatore importante per la mia formazione come Guido Calogero. E dunque mi sono risolto di usarli entrambi.

sulenza filosofica", a voler significare quanto l'elemento dialogico sia costitutivo e fondante.

Ma c'è per me un motivo ancora più forte per esprimere questa preferenza terminologica: il modo in cui io intendo l'identità personale al di fuori del modello soggettivistico, cioè come una identità relazionale costantemente inserita in una dimensione di colloquio in quanto immersa nel linguaggio, che ci sostiene nel nostro modo di essere umani. In questo senso l'esistenza è dialogo, ovvero ininterrotta circolazione di discorsi, circolo di parole entro cui troviamo le nostre, non dunque scontro/confronto tra due che parlano, usando le parole come mezzo, ma molti (e io fra questi) che appartengono a una dimensione linguistica comune che si realizza in un dialogare spesso molto confuso proprio perché difficilmente regolabile. Ciò che chiamo colloquio filosofico vuole essere la riproduzione artificiosa di questa condizione in cui si è presi insieme dal linguaggio che è l'elemento comune, attraverso il quale ci è consentito di avviarci nel mondo, di raccontare e descrivere la vita, ma anche di trasformarla, di renderla più umana, e di fissare in essa valori, profili, scene entro cui orientarsi e non perdersi.

Ma il dialogo di cui sto parlando possiede una sua singolarità da mettere in evidenza, perché si tratta di un dialogo *filosofico*, e in questa specificazione c'è un *surplus* che va interrogato perché è esattamente quel che andiamo cercando. E che si presenta innanzi tutto nella forma del *pensare insieme*, cioè come quel gesto in cui ci si incontra perché attratti da una comune amicizia per il terzo escluso: la *sophia*, che non è possesso stabile, né oggetto di una acquisizione, sia essa nella forma dell'illuminazione o del premio della ricerca o della soluzione dell'enigma. Ed è piuttosto un cammino, un percorso, una strada lungo la quale avviarsi. Ma se vogliamo dare un'identità a questa dimensione, se vogliamo comprendere e mostrare quel che definisce come *filosofico* il nostro dialogo distinguendolo da ogni chiacchiera, da ogni conversazione quotidiana, e da ogni altra forma di colloquio, ci serve un movimento di scarto, che ci consenta di avvicinarci in modo lucido al dialogo filosofico.

Certamente alcune caratteristiche appaiono evidenti: si tratta infatti di uno scambio di natura verbale tra due o più interlocutori, a carattere prevalentemente argomentativo; per quanto non si possa escludere di principio il ricorso a forme di comunicazione visiva o artistica, o immaginativa, il discorso verbale argomentativo resta, infatti, il fondamento di un colloquio di natura filosofica; che richiede poi la sforzo di intendere le ragioni degli altri e l'impegno a far sì che l'altro possa esprimersi in piena libertà, nel rispetto dei propri interlocutori, cioè una precisa determinazione a far sì che il colloquio sia autentico confronto di ragioni, nel quale ognuno si sforza per rendere l'altro partecipe, per garantirgli il diritto di essere protagonista dell'evento dialogico.

Ma il colloquio filosofico deve anche rifiutare nel suo svolgersi di accettare alcun punto di vista per via di autorità; il ricorso alla citazione, agli autori non si può certo escludere, ma non può rappresentare il fulcro di un colloquio in cui invece domina la determinazione nel sottoporre a costante vaglio critico tutte le argomentazioni proposte e un atteggiamento di ascolto critico ma non giudicante.

4. Il colloquio nella dimensione ermeneutica

È il caso, a questo punto, di fare una piccola digressione per indicare alcuni punti di riferimento essenziali relativamente alla forma del colloquio filosofico, e anche per smentire un certo luogo comune che sembra associare la consulenza filosofica solo ai modelli classici del dialogo socratico e platonico, dimenticando troppo facilmente l'esistenza di una tradizione contemporanea ricchissima di pensiero intorno a questo punto. Mi riferisco in primo luogo alla filosofia ermeneutica, che discende appunto da una impostazione essenzialmente dialogica, come sostiene esplicitamente Hans Georg Gadamer, il quale afferma che "il fenomeno ermeneutico implica in sé l'originarietà del dialogo e la struttura di domanda e risposta."[13] Ogni atto interpretativo, infatti, anche nel caso del testo scritto, ha un rapporto essenziale con la domanda che il testo, o la persona, pone, e con le molte possibili risposte:

> Si comprende il testo nel suo senso solo in quanto si raggiunge l'orizzonte della domanda, orizzonte che, come tale, contiene necessariamente anche altre possibili risposte.[14]

---

[13] Gadamer, *Verità e metodo*, Milano, Bompiani, 1983, p. 427.
[14] *Ibidem.*

L'orizzonte ermeneutico, in questo senso, è prima di tutto l'orizzonte della domanda. Non sorprende, allora, trovare nel testo chiave della filosofia ermeneutica una ricca descrizione del "dialogo" che ci appare coerente e suggestivo per il filosofo consulente. Provo a confrontarmi brevemente con questo fondamentale luogo filosofico.

Afferma Gadamer:

> Diciamo solitamente "condurre un dialogo", ma quanto più un dialogo è autentico, tanto meno il suo modo di svolgersi dipende dalla volontà dell'uno o dell'altro degli interlocutori. Il dialogo autentico non riesce mai come noi volevamo che fosse.[15]

È nell'esperienza di ogni filosofo consulente il fatto che il dialogo non è mai veramente prevedibile. Certo, il consulente vi mette la propria competenza e la propria esperienza, e quindi può figurarsi il percorso che s'accinge a compiere, ma la realtà del dialogo è tale per cui non è la volontà singola dell'uno o dell'altro a determinarne lo svolgimento, entrambi partecipi, entrambi protagonisti, ma ciò che si determina esorbita inesorabilmente la volontà di ciascuno e porta entrambi verso luoghi in parte non previsti.

> Anzi, in generale è più giusto dire che in un dialogo si è "presi", se non addirittura che il dialogo ci "cattura" e avviluppa.[16]

Il dialogo è esso stesso protagonista in quanto determina la situazione di tempo e di spazio, di intenzioni e di aspettative che lo rende possibile. Gli interlocutori si dispongono, si preparano, propongono ognuno la propria parte di discorso, le problematiche, la narrazione biografica, le argomentazioni, ma il discorso che sostiene entrambi risulta comunque più forte della volontà individuale, si gioca con un sistema di significati che è più largo di noi perché è collettivo, ci si confronta con un universo di idee nel quale siamo solo una parte e non il tutto.

> Il modo come una parola segue all'altra, il modo in cui il dialogo prende le sue direzioni, il modo in cui procede e giunge a conclusione, tutto questo ha

---

[15] Ivi, p. 441.
[16] *Ibidem*.

certo una direzione, ma in essa gli interlocutori non tanto guidano, quanto piuttosto sono guidati. Ciò che "risulta" da un dialogo non si può sapere prima. L'intesa o il fallimento è un evento che *si* compie in noi. Solo allora possiamo dire che c'è stato un buon dialogo, oppure che esso era nato sotto una cattiva stella. Tutto ciò indica che il dialogo ha un suo spirito, e che le parole che in esso si dicono portano in sé una loro verità, fanno "apparire" qualcosa che d'ora in poi "sarà".[17]

Dunque l'intesa o il fallimento, l'efficacia o l'inutilità del dialogo non appartengono semplicemente al quadro dei desideri individuali: appartengono all'ambito delle possibilità in cui noi tutti siamo collocati. Un colloquio può fallire, non nel senso banale che non risolva il problema posto dall'ospite, ma in quello più alto e più pregnante per cui non si stabilisce tra i due interlocutori il grado minimo di intesa che è necessario per scambiarsi domande e risposte. Se questo non accade, certo il dialogo è fallito, se questo invece accade qualcosa comunque si realizza (indipendentemente dalla soluzione di qualsiasi problema), in ogni caso accade che si configura qualcosa che ha a che fare con la verità, anche se su questo ci si deve intendere, e io parlo specificamente di "verità locale". Ma con questa, come con una realtà del mondo, bisogna fare i conti.

> Il dialogo è un processo di comprensione. È proprio di ogni vero dialogo il fatto che uno risponda all'altro, riconosca nel loro vero valore i suoi punti di vista e si trasponga in lui non nel senso di volerlo comprendere come individualità particolare, ma di intendere ciò che egli dice.[18]

Questo è un passaggio molto importante, che ci serve a diradare un equivoco grave. Il dialogo come processo ermeneutico è un alternarsi di domande e risposte, e si sviluppa come tentativo reciproco di comprensione delle parole dell'altro, ma *non necessariamente della sua individualità specifica*. Ciò che è in discussione sono *le ragioni dell'altro e le mie ragioni*, non la sua individualità.

> Ciò che si tratta di cogliere sono le sue ragioni, in modo da potersi intendere con lui sull'oggetto del dialogo. Non mettiamo dunque la sua opinione in

---

[17] *Ibidem*.
[18] Ivi, p. 443.

rapporto con lui come individuo, ma con la nostra propria opinione e con le nostre idee in proposito.[19]

Il dialogo filosofico ha questa essenziale caratteristica: resta nell'ambito del discorso e delle ragioni, le ragioni scambiate sono l'oggetto del dialogo, le ragioni articolate, le ragioni messe in questione e interrogate. Non c'è, nel dialogo filosofico, la pretesa di entrare nell'altro, di farne oggetto di studio e di analisi, di scandagliarne l'interiorità. E questo lo distingue da altre forme di dialogo.

> Là dove abbiamo di mira veramente l'altra individualità come tale, come per esempio nel colloquio terapeutico o nell'interrogatorio dell'imputato a un processo, non si realizza davvero la situazione della comprensione.[20]

Non è questa la natura del colloquio filosofico; esso non ha dunque questa pretesa di stabilire la verità dell'individuo, la sua colpa (o il suo senso di colpa). Esso entra nel sistema delle ragioni, per fare o non fare, per scegliere, per desiderare, per progettare ecc., e dei valori che le fondano, tenendo ben fermo il processo per cui le ragioni sono comunque atti che avvengono nell'*interumano*, come direbbe Buber, nella dimensione dell'*intersoggettività*, come direbbe Habermas. Cioè comunque nel luogo in cui si costituisce il profilo etico di un'esistenza. Questa, a mio modo di vedere, la differenza radicale tra dialogo filosofico e dialogo psicoterapeutico, per quanto quest'ultimo si manifesti in mille modalità differenti. Ma pur nella pluralità degli approcci, il dialogo psicoterapeutico come il dialogo medico, come il dialogo giudiziario, ha per oggetto l'individuo e pretende di svelare il suo segreto individuale, mentre il colloquio filosofico ha per oggetto le sue ragioni, ovvero ciò che colloca l'individuo nella relazione discorsiva comunitaria, nella dimensione dell'intersoggettività.[21]

---

[19] *Ibidem.*

[20] *Ibidem.*

[21] Evidenzia bene la natura intersoggettiva del dialogo filosofico Neri Pollastri in "Un estraneo in famiglia. Sulla relazione tra consulenza filosofica e psicoanalisi", in *Giornale storico del Centro Studi di psicologia e letteratura*, vol. 4, aprile 2008, fascicolo 6, pp. 181-213; in particolare il paragrafo "Lo sguardo etico", pp. 186-187.

5. Il colloquio nella dimensione discorsiva

È opportuno, per concludere questo primo approccio alla forma colloquio, fare chiarezza in merito alla sua collocazione rispetto ai campi della dialettica e della retorica, perché questo ci aiuterà ad approfondire alcune indicazioni e a chiarire alcuni equivoci operativi importanti.

Partiamo da questo interrogativo: cosa fa l'ospite in consulenza? Innanzi tutto *narra*: in tutte le fasi autobiografiche, il suo discorso è primariamente una narrazione, e come tale va colto e ascoltato. Inserire una narrazione in un dialogo significa essenzialmente chiedere chiarimenti, sollecitare descrizioni, tentare di far chiarezza su aspetti ancora oscuri. In questo contesto il discorso congiunto dell'ospite e del filosofo tende a ricostruire un mondo, a dipingere un quadro.

Ma in consulenza non accade certo solo questo. Perché a un certo punto (vedremo meglio più avanti la dinamica esatta di questi passaggi) l'ospite comincia ad *affermare*, o addirittura a *portare delle tesi*, prova a dimostrare delle presunte verità, o comunque a sostenere delle ragioni cioè, genericamente, *argomenta*. Che si tratti di dimostrare a se stesso, o di dimostrare ad altri non ha molta importanza, per il momento. Il gesto di convincere l'interlocutore e quello di auto-convincersi è, di solito, coincidente nelle parole dell'ospite. Talvolta egli sostiene senza nemmeno essere convinto di una certa tesi, ma solo per cercare buone ragioni, per verificarne l'esistenza e la solidità: così dimostrare all'altro significa anche confermare o dimostrare a se stesso. Oppure si cerca la conferma (o la confutazione) di una tesi elaborando insieme le buone ragioni per fare o per non fare.

Questo procedimento discorsivo si distacca molto nettamente tanto dal *procedere dialettico*, che si inserisce nel linguaggio naturale per portarlo altrove, nel dominio delle idee, delle verità, quanto dal *procedere retorico*, che parte dal presupposto protagoreo che su ogni cosa vi siano due punti di vista contrapposti ed equivalenti, o che presume di poter sostenere in modo convincente qualsiasi argomentazione, o di poter rendere più forte il discorso più debole. Il colloquio filosofico, dunque, non si colloca né nell'ambito ristretto della dialettica, né in quello della retorica *tout court*, anche se sembra servirsi di entrambe. Ma cerco di chiarire questa affermazione generale andando un po' più nel dettaglio.

Secondo una nota formula usata spesso da Habermas, il parlante, quando si esprime in un contesto quotidiano, si muove simultaneamente su tre livelli:

- si riferisce a qualcosa del mondo oggettivo, cioè all'insieme di ciò che accade o che potrebbe accadere;
- si riferisce a qualcosa nel mondo sociale, cioè alle relazioni interpersonali: è la condizione del condividere qualcosa con qualcuno;
- si riferisce a qualcosa nel proprio mondo soggettivo, cioè all'insieme delle esperienze vissute.[22]

Il colloquio, da questo punto di vista, non è mai chiuso in se stesso, ma è sempre sporgente sul mondo e sul sistema delle relazioni, e si ritrova perfettamente nella prospettiva dell'agire comunicativo contrapposto all'agire strategico rivolto a un fine. Certo, se l'oggetto del colloquio filosofico è un dato d'azione (*Cosa fare?*) appare molto chiaramente come esso faccia emergere e sottolinei, nell'agire, proprio l'aspetto comunicativo, cioè quell'aspetto che rende possibile l'interpretazione comune della situazione, senza la quale nessuna azione sarebbe praticabile. Come dice bene Habermas,

> una *situazione* rappresenta quel segmento del mondo della vita che è stato delimitato riguardo a un tema. Un *tema* si forma in rapporto a interessi e mete d'azione dei soggetti partecipanti, e circoscrive *la sfera di rilevanza* degli oggetti suscettibili di essere tematizzati.[23]

Il nostro agire è sempre contestualizzato, è sempre inserito in una determinata situazione, in un tempo e in uno spazio. Nel momento in cui io interrogo il mio agire attraverso il colloquio filosofico, faccio emergere quel tema determinato che si innesta nella specifica situazione di vita e che sento di dover chiarire o risolvere. Il colloquio fa emergere una specifica rilevanza rispetto a un determinato oggetto (un fatto, un'azione, un gesto) che devo compiere. Naturalmente nella situazione emerge anche il sottofondo della vita in cui noi tutti siamo immersi: in quanto prodotti di una cultura, di una tradizione, di determinati processi di socializzazione. E, d'altra

---

[22] Cfr, J. Habermas, *Etica del discorso*, Roma-Bari, Laterza, 1989, p. 29, 66 e 145.
[23] Ivi, p. 143.

parte, solo dalla situazione, cioè dal mondo della vita, dal contesto, possiamo trarre le risorse ermeneutiche per i processi di interpretazione necessari a collocare i nostri gesti nel giusto contesto. Insomma, solo in questo ambito possiamo trovare le ragioni per fare o non fare, per fare in un modo piuttosto che in un altro.

Sembra dunque che il colloquio filosofico si possa inserire perfettamente nella prospettiva dell'agire comunicativo descritto da Habermas, a condizione però di rinunciare proprio alla prima e principale condizione dello stesso, ovvero l'essere orientato verso l'intesa. O meglio: lo specifico atto linguistico che chiamiamo colloquio filosofico non è pensabile come un agire rivolto all'intesa, perché tra ospite e consulente l'essere d'accordo, il concordare i propri piani d'azione è fuori luogo. Ospite e consulente non agiscono insieme nel mondo della vita se non nella dimensione specifica e ristretta del colloquio, e quindi la loro esigenza d'intesa si limita ai principi generali della comunicazione. Principi che vanno però esplicitati. Posso seguire ancora Apel e Habermas e utilizzare le quattro regole universali della situazione discorsiva:

- nel momento in cui argomento ho una pretesa di senso;
- nel momento in cui argomento ho una pretesa di verità;
- nel momento in cui argomento (seriamente) ho una pretesa di sincerità (accetto cioè di essere persuaso di ciò che dico);
- nel momento in cui argomento, ovvero richiedo ai partner dell'argomentazione di esprimere il loro consenso e dissenso, ho una pretesa di giustezza normativa, cioè esigo rispetto per le norme che governano l'interazione comunicativa.

Chiunque argomenti ha dunque già accettato il punto di vista della ragione argomentativa (è ciò che Apel definisce "pragmatica trascendentale").[24] Siamo, come si può comprendere, pienamente all'interno della prospettiva dell'*agire comunicativo*, chiaramente distinto dall'*agire strumentale*: cioè l'azione orientata al successo sotto l'aspetto dell'osservanza di regole tecniche d'azione, e valutabile in termini di efficacia; e altresì distinto dal-

[24] Cfr. K.-O. Apel, *Etica della comunicazione*, Milano, Jaca Book, 1992, e K.-O. Apel, *Comunità e comunicazione*, Rosenberg & Sellier, Torino 1977.

l'*agire strategico*: cioè l'azione orientata al successo sotto l'aspetto dell'osservanza di regole di scelta razionale, valutabile in termini di efficacia in quanto influenza sulle decisioni di un antagonista razionale. Mentre l'agire comunicativo è quello in cui

> i progetti di azione degli attori partecipi non vengono coordinati attraverso egocentrici calcoli di successo, bensì attraverso atti d'intendersi.[25]

Solo l'agire comunicativo così inteso, dunque, rispetta le due fondamentali condizioni che io pongo sullo sfondo della condizione morale: la priorità della dimensione linguistica e la natura relazionale (e dunque non solipsistica) dell'essere umano. L'agire comunicativo è appunto l'agire che esclude il solipsismo del soggetto che, non sentendosi *parte* di un insieme, ritiene di avere diritto a tutto, e così ammette l'azione violenta, l'ingiustizia. E al contempo è l'agire che richiede il lavoro di interpretazione collettiva della situazione in cui ogni gesto si viene a realizzare.

> Nell'agire comunicativo i partecipanti non sono orientati primariamente al proprio successo; essi perseguono i propri fini individuali a condizione di poter sintonizzare reciprocamente i propri progetti di azione sulla base di comuni definizioni della situazione. In tal caso il concordare definizioni della situazione costituisce una componente essenziale delle prestazioni interpretative necessarie per l'agire comunicativo.[26]

Si comprende allora che questa interpretazione contiene già in sé un valore morale esplicito. Affrontare i temi di un'esistenza è allora di già mettere in scena la nostra complessa condizione morale. E questa è l'autentica ventura della consulenza filosofica: la questione procedurale, dunque, è già di per sé una questione morale, e nel suo squadernarsi il colloquio filosofico pone, nello stesso tempo, delle scelte procedurali che contengono delle scelte morali.

[25] J. Habermas, *Teoria dell'agire comunicativo*, Bologna, Il Mulino, 1997, vol. I, p. 394.
[26] *Ibidem*.

III. Una definizione (provvisoria)

La novità della consulenza filosofica ha reso difficile fin dall'inizio elaborare una definizione di essa che fosse solida, chiara e condivisa. Così potremmo fare un elenco di definizioni, abbastanza concordanti, ma non coincidenti, in ognuna delle quali troveremmo qualcosa da confermare e qualcosa da rettificare. Una prima possibilità è dunque quella di vederle tutte insieme e cercare di ricavare proprio dalla pluralità una sorta di significato globale per avvicinamento progressivo, con un gesto che ricorda quello dell'aquila che si avvicina per giri concentrici sempre più stretti alla propria preda. Poi, però, proverò anche l'altra strada, quella di fissare dei significati e spiegarli assumendomi la responsabilità di sostenere la definizione sulla base della mia esperienza di lavoro.

Iniziamo questa rapida carrellata con la definizione di Gerd Achenbach, il capostipite dei filosofi consulenti; da essa prendono spunto tutte le altre.

> Per riassumere brevemente l'essenziale che, ampliato filosoficamente, svilupperebbe l'intera teoria della consulenza filosofica: *la consulenza filosofica è un libero dialogo*. Ma cosa significa? Cioè, cosa significa perlomeno, se un vasto ampliamento di quest'esigenza non fosse al momento possibile? Significa che essa non si occupa di sistemi filosofici, non costruisce alcuna filosofia, non somministra nessuna opinione filosofica, ma mette il pensiero in movimento: filosofa.[1]

---

[1] Gerd Achenbach, *La consulenza filosofica*, cit., p. 69.

La definizione è di già molto ricca e contiene spunti di riflessione importanti, su cui ritornerò. Ma vale la pena di contrapporla subito a quella di un altro filosofo consulente pioniere e, per molti, punto di riferimento, Ran Lahav, che afferma:

> L'autoindagine filosofica è un processo in cui la persona va oltre le proprie preoccupazioni egocentriche e i propri interessi particolari per aprirsi agli orizzonti infiniti di potenziale comprensione delle basi del nostro essere. Essa è un dialogo con la rete infinita delle idee che sono intrecciate nella vita e ci fanno scoprire le fibre della realtà alla base della vita stessa.[2]

Non mi soffermo ora sulle diverse strade che le due definizioni contrapposte possono aprire; mi limito a segnalarle.

Certamente l'esperienza italiana si colloca prima di tutto proprio sul versante di quella di Achenbach. Ma vale la pena di osservare che la nostra prima definizione, quella di Andrea Poma, sembra rispondere innanzi tutto a una esigenza di precisazione lessicale:

> La *consulenza filosofica* è la prestazione professionale di una *consulenza* da parte di un *consulente* esperto in filosofia a un *consultante* che liberamente e spontaneamente gliene fa richiesta.[3]

Da un altro pioniere, Augusto Cavadi ricaviamo la seguente definizione:

> In positivo si potrebbe definire questa nuova professione come l'offerta di una relazione paritetica di aiuto destinata sia a soggetti individuali in cerca di orientamento esistenziale sia a gruppi o istituzioni con esigenze di formazione del personale (in senso etico o deontologico o politico, ma sempre in chiave *critica*).[4]

Dalla definizione di Poma si sviluppa quella, insieme tecnica e burocratica, che *Phronesis* – Associazione italiana per la consulenza filosofica, ha fissato nel proprio statuto:

[2] Ran Lahav, *Comprendere la vita. La consulenza filosofica come ricerca della saggezza*, Milano, Apogeo, 2004, cit. a p. 67.
[3] Andrea Poma, "La consulenza filosofica", in *Kykéion*, 8, 2002.
[4] Augusto Cavadi, *Quando ha problemi chi è sano di mente*, Soveria Mannelli, Rubbettino editore, 2003, p. 17.

Consulenza filosofica, attività che si propone di fornire a chi lo richieda (individui, gruppi, organizzazioni), sulla base di un approccio filosofico, supporto, aiuto e orientamento nell'ambito dei processi intellettuali, esistenziali, decisionali o relazionali, senza avere finalità terapeutiche.[5]

Si nota subito trattarsi di una definizione prevalentemente operativa e non teorica: descrive ciò che sostanzialmente offre il filosofo consulente come professionista, più che stabilire ciò che avviene effettivamente nel colloquio. Viceversa, l'altra associazione nazionale, Sicof, si presenta con una definizione che valorizza il ruolo prevalente del *counseling a orientamento filosofico*, che così definisce:

una relazione d'aiuto in cui vengono facilitati e stimolati attraverso strumenti filosofici, processi decisionali e chiarificatori in grado di risolvere e rispondere a specifiche domande sull'esistenza.[6]

Nell'ambito italiano la distinzione tra le due associazioni e tra le due definizioni si concretizza anche nell'uso distintivo del termine "consulenza" nel primo caso, e "counseling" nel secondo.

Nell'ambiente *Phronesis* nascono le due definizioni di Neri Pollastri, che nella loro successione mostrano bene il progressivo arricchirsi di concetti mano a mano che la pratica e la riflessione si sono andati sviluppando.

La consulenza filosofica: un'attività professionale nella quale il filosofo, esclusivamente in quanto filosofo, si mette a disposizione delle donne e degli uomini che, individualmente o in gruppi ristrettissimi, sentano l'esigenza di affrontare con rigore, attenzione, spirito di ricerca e confronto dialogico problemi e questioni poste a essi dalla loro vita.[7]

Dunque non rimane che ribadire quel che fin dalla sua origine si è intenzionalmente voluto che fosse: *la consulenza filosofica è filosofia*. E lo è a buon diritto perché ne condivide i tratti caratteristici, salvo metterli in pratica su un terreno diverso da quello della filosofia tradizionale: nella realtà concreta e quotidiana; con individui particolari, e per giunta non filosofi; alla ricerca

---

[5] Statuto di *Phronesis* – Associazione italiana per la consulenza filosofica, art. 4 (2003).
[6] Cfr. il sito www.sicof.it. Vedi anche di Luca Nave, "L'arte del counseling quale propedeutica al filoso-fare", in *Rivista Italiana di Counseling Filosofico*, n.3 e 4, 2007-2008.
[7] Neri Pollastri, *Il pensiero e la vita*, Milano, Apogeo, 2004, p. 33.

di una comprensione del senso degli aspetti minuti particolari della realtà, più che delle universalità; "improvvisando" creativamente in modo istantaneo, quindi producendo comprensioni del reale forse spesso meno profonde, ma sempre e comunque di tipo filosofico.[8]

Qui compaiono finalmente sia una definizione teorica ben precisa (la consulenza filosofica come "sola filosofia", sulla scia di Achenbach) sia un'indicazione tecnica operativa originale (il metodo della "improvvisazione").

Più centrata sul lato storico-genetico è invece la definizione di Wikipedia, che nasce, lo si percepisce chiaramente, dal reciproco controllo di numerosi operatori di impostazione diversa e dalle precisazioni di qualche utente scettico, preoccupato soprattutto di possibili fraintendimenti o promozioni indebite:

> Consulenza filosofica è il termine italiano con cui si indica un'attività nata in Germania come *Philosophische Praxis* e poi diffusasi in altre parti del mondo, prima come *Philosophy Practice* e poi come *Philosophical counseling*. Nella sua forma originaria non si configura come una professione di aiuto, ma come un dialogo filosofico che si avvia dalla narrazione delle difficoltà del consultante, ma non ha di mira risposte risolutive, bensì la ricerca di diverse modalità di pensare il mondo.[9]

Vorrei, infine, segnalare qualche altra definizione di provenienza straniera utile ad arricchire il panorama complessivo. Per esempio quella piuttosto articolata del filosofo austriaco Eckart Rushmann:

> Scopo del processo di consulenza è di aiutare il consultante a modificare il proprio processo di coscienza e di riflessione – nella sua struttura complessiva come modello mentale o "teorie soggettive", fino ai percorsi concreti nel contesto interattivo dei propri processi esperienziali (= sensazione o umore) – in modo da far sì che egli faccia un passo avanti nella direzione di un adeguato comprendere se stesso e il mondo.[10]

O quella molto pragmatica e operativa del filosofo consulente canadese Peter Raabe:

---

[8] Neri Pollastri, *Consulente filosofico cercasi*, Milano, Apogeo, 2007, pp. 75-76.
[9] Wikipedia, alla voce (verificato il 3 gennaio 2013).
[10] Eckart Ruschmann, *Consulenza filosofica*, Messina, Armando Siciliano Editore, 2004, p. 94.

Definita in modo semplice, la consulenza filosofica non è nient'altro che un filosofo ben preparato, il quale aiuta un individuo a occuparsi di un problema o di una questione che lo preoccupa. Ciò può anche essere svolto in contesti di gruppo. Il consulente filosofico sa che la maggioranza delle persone sono perlopiù in grado di risolvere la maggior parte dei propri problemi quotidiani da sole, oppure con l'aiuto delle persone che hanno con loro relazioni importanti. È quando i problemi diventano troppo complessi – per esempio quando sembrano in conflitto, quando i fatti sembrano contraddirsi l'un l'altro, quando un ragionamento su un problema si annoda in un circolo, quando la vita si mostra inaspettatamente priva di senso – che un filosofo formatosi alla consulenza filosofica può essere d'aiuto più di un amico o di un familiare. E, mentre in tutti i trattamenti medici un paziente ha bisogno di essere guidato, nella consulenza filosofica la discussione tra il filosofo e il suo cliente ha un ruolo decisivo.[11]

E ancora quella della consulente israeliana Shlomit Schuster:

Ciò che è significativo nelle consulenze filosofiche è che, invece di classificare le situazioni problematiche dei clienti come complessi o deviazioni, il consulente filosofico considera tali situazioni uniche, e pertanto non comprensibili attraverso generalizzazioni o riduzioni. Il consulente filosofico accompagna il suo cliente nel rielaborare situazioni complesse, il che porta alla sostituzione del problema con una comprensione filosofica. Dopo che il cliente o consultante ha espresso le sue domande o i suoi problemi, il consulente filosofico lo aiuta a riordinare i punti problematici in un quadro filosofico.[12]

Mi fermo qui, ma è chiaro che il quadro potrebbe essere arricchito. Già questa prima ricognizione mi sembra sufficiente a dare un'idea della pluralità di definizioni che sono state proposte. Intorno a esse ci si potrebbe più o meno incontrare, potrei far notare lo sforzo comune di definire la filosoficità della pratica, lo sforzo di non confondersi con attività di altra natura, lo sforzo di distinguersi da ogni disciplina terapeutica, e via così; in qualche caso le definizioni sono molto operative e possono essere ancora adeguate, ma risultano povere dal punto di vista teorico, o comunque non sufficientemente ricche per definire davvero la pratica sia dal punto di vista

---

[11] Peter Raabe, *Teoria e pratica della consulenza filosofica*, Milano, Apogeo, 2006, p. 227.
[12] Shlomit Schuster, *La pratica filosofica*, Milano, Apogeo, 2006, pp. 42-43.

dei gesti che determina, sia dal punto di vista della comprensione che ne possiamo avere.

Vorrei a questo punto aggiungere all'elenco una mia definizione, che non vuole essere né conclusiva né sintetica rispetto alla pluralità, ma semplicemente indicare il punto di riferimento che ho tenuto costante non solo nella stesura di questo Manuale, ma, prima ancora, nello svolgimento del mio lavoro di filosofo pratico. È chiaro che una definizione dovrebbe essere un punto di arrivo di un lavoro di costruzione e di analisi e non, come in questo caso, un punto di partenza (se non nel caso di una superbia intellettuale dalla quale non vorrei essere macchiato). Se dunque propongo ora la mia definizione è solo perché ho una idea debole della sua funzione: non credo alla violenza della definizione assoluta, non credo alle formule risolutive, né ai fondamenti metafisici. Al contrario, come si vedrà oltre, argomento a favore di una idea di *verità locale* intesa come punto di riferimento che tengo fermo di fronte a me come criterio di valutazione nel mio agire, ma sempre pronto a metterlo in discussione, a revisionarlo, a modificarlo mano a mano che l'esperienza mi offre materiale nuovo di analisi, e il mio processo di costruzione personale procede nel tempo.

La definizione che mi servirà, dunque, da punto di riferimento, dovrà muoversi, a mio avviso, da una esperienza della consulenza filosofica come *dialogo*, perché questa è la forma attraverso cui si realizza, escludendo così altre pratiche e altri gesti, per esempio quelli di natura emotiva, o più legati alla dimensione corporea, tutti legittimi ma, secondo me, di fatto estranei alla dimensione filosofica come tale. Il suo punto di partenza operativo e teorico insieme è una narrazione (non un sentimento, non una passione, non gesto di altra natura) che muove da fatti di carattere biografico; anche quando si fissa su argomenti apparentemente astratti e teorici, infatti, lo fa comunque perché essi hanno un valore speciale per la propria esistenza, e non solo per una curiosità intellettuale (altrimenti si cadrebbe nell'ambito della formazione). Tale narrazione biografica viene sistematicamente ricondotta alla dimensione logica e argomentativa: il lavoro biografico infatti non è fine a se stesso, né esaurisce il compito, ma è solo un punto di partenza per il dialogo filosofico, che ha per unico strumento il linguaggio. Non lavora dunque né sull'empatia, né sull'emozione, né sul sentimento, ma focalizza la sua attenzione piuttosto sulle ragioni dei fatti, delle relazioni e dei vissuti, ragioni che devono essere messe in questione, cioè interrogate secondo modalità ben definite, di natura filosofica, cercando con ciò di fare chiarezza su tutti quei riferimenti (verità locali) che orientano e guidano l'esistenza di una persona, il suo stare al mondo, il suo *ethos*, sia in funzione analitica – comprendere – sia in funzione critica – spiegare e argomentare criticamente – sia in funzione progettuale – anticipare lo sviluppo del proprio agire. Tutto ciò deve essere vissuto nella prospettiva generale, collettiva dunque, non individuale, di una fuoriuscita dell'uomo in generale dalla condizione di minorità in cui si trova.

Questo insieme tanto articolato di elementi qui è solo presentato, il resto del Manuale servirà ad argomentare e giustificare ogni affermazione.

Ecco allora, in sintesi, la mia prima definizione/punto di riferimento/ verità locale, che propongo al lettore:

Il colloquio filosofico è un dialogo tra due o più persone che riconduce la narrazione biografica alla dimensione logico-argomentativa, e che ha per oggetto le ragioni dei fatti, delle relazioni e dei vissuti, messe in questione al fine di fare chiarezza – in funzione analitica, critica e/o progettuale – sui riferimenti che orientano lo stare al mondo della persona.

Ogni parola di questa definizione, più complessa, purtroppo, di quanto avrei voluto, deve essere discussa; il fatto che la definizione appaia tanto articolata discende, naturalmente, dalla necessità di rendere ragione di molti aspetti diversi, ma d'altra parte una definizione non può fare a meno di cercare di essere completa. Resta inteso comunque che si tratta di una definizione provvisoria, pronta a essere rivista ogni qualvolta l'esperienza ci testimonierà qualcosa di diverso.

È evidente che in base a questa definizione nel presente Manuale non mi occuperò di tutte le forme di sviluppo della *pratica filosofica*, ma solo di quella che abbiamo definito e circoscritto come "consulenza filosofica". Non si tratta evidentemente di una valutazione di merito, né di legittimità, è ovvio che ognuno realizzerà le pratiche filosofiche nelle quali si riconosce e che ritiene sensatamente realizzabili. In questa sede, tuttavia, provo a delimitare il campo e la prassi della consulenza filosofica, convinto che essa costituisca una forma fra le altre ma particolarmente urgente e necessaria in questa fase storica. Ritengo, infatti, che la domanda sociale che si impone ai nostri giorni, cioè in un momento di crisi generale della socialità, è quella che chiede a gran voce un recupero delle nostre capacità dialogiche, una applicazione di una più avanzata capacità di scambio e di confronto, una esigenza di profondità e di coinvolgimento essenziali per poter porre i singoli in *un nuovo rapporto con la condizione di cittadinanza*. Se questa è la richiesta, la consulenza filosofica può rispondere efficacemente. Ed è proprio in questa prospettiva e in questa dimensione che, a mio modo di vedere, e come chiarirò meglio nella parte finale, la consulenza filosofica trova la propria ragion d'essere, non certo in una imitazione delle pratiche di cura o delle analitiche dell'interiorità.

Stefano Zampieri

IV. Le sedici condizioni di possibilità della consulenza filosofica

Riprendiamo quanto abbiamo già detto: la consulenza filosofica è dunque il rapporto dialogico tra un filosofo e un consultante o un gruppo di consultanti. Vorrei riflettere proprio su questo aspetto. Perché, lo abbiamo detto, la *pratica filosofica* è una pratica collettiva, mentre invece la situazione del confronto *one-to-one*, un filosofo di fronte a un consultante, descrive piuttosto quella che più precisamente chiamiamo *consulenza filosofica*. Ciò non impedisce, tuttavia, che possa realizzarsi, a certe condizioni, anche una forma di *consulenza filosofica di gruppo*, che però resta comunque, ed è questa a mio avviso la cosa essenziale, ben distinta dalle diverse forme della *pratica filosofica*.

Tutto ciò sembra introdurre un elemento di complicazione intorno al quale è bene fare chiarezza. La *pratica filosofica* in generale è pratica dialogica e sociale, l'ho detto fin da subito. Tuttavia all'interno di ciò che in generale chiamiamo *pratica filosofica*, cioè di questo modo nuovo di intendere e di vivere la filosofia, si realizzano diverse attività particolari. La fantasia e la creatività con cui i filosofi di oggi affrontano la realizzazione di laboratori, seminari, colloqui, caffè-philo ecc. impone una qualche fissazione di confini e di limiti di campo, che non possono certo contenere alcuna valutazione di merito, ma sono funzionali alla comprensione di ciò che si sta realmente facendo. Io ritengo, ad esempio, che debba rientrare nelle specifiche competenze del filosofo pratico, posto che ne abbia interesse e vocazione, la capacità di realizzare caffè-philo, o laboratori di pratica, o dialoghi socratici, senza che esse debbano necessariamente essere comunque ricondotte alla dimensione della *consulenza filosofica*. Quest'ultima ha una

63

sua specificità, che è compito appunto di questo Manuale mettere in evidenza. Una specificità che non si riduce all'immagine standardizzata di un confronto *one-to-one*, un filosofo di fronte a un consultante. Questa immagine, che sappiamo molto diffusa, deriva immediatamente dallo schiacciamento che la consulenza filosofica ha subìto sul modello ben più noto e conosciuto delle pratiche psicoterapeutiche. Ma in realtà si tratta di una semplificazione del tutto impropria: la consulenza filosofica ha una serie di caratteristiche nell'ambito generale delle pratiche filosofiche indipendentemente dal fatto che sia realizzata in due o in molti.

Tutto ciò che si sta raccontando in questo Manuale intorno alla consulenza filosofica va inteso propriamente come sperimentato e sperimentabile tanto in situazioni di confronto diretto tra un filosofo e il suo ospite, quanto in situazioni in cui il confronto sia collettivo. Se vi sono delle specificità relativamente alle due diverse forme di colloquio, singolare/plurale, esse saranno indicate, ma il principio generale è che si tratti della stessa pratica, non di due pratiche diverse. Mentre è evidente che la definizione della consulenza filosofica impone la distinzione di essa dalle altre pratiche, cioè dalle tante *pratiche filosofiche* realizzabili. Ma di queste non ci si occuperà in modo esplicito, sarà compito di un'altra ricerca.

Dalle tecniche alle condizioni di possibilità

Proverò, a questo punto, ad avvicinarmi ulteriormente al colloquio filosofico entrando propriamente nel vivo della sua attuazione, e preoccupandomi di smentire ma anche di ridefinire l'idea che esistano delle tecniche delimitate e circoscritte per la sua conduzione. A differenza di altre pratiche, il colloquio filosofico paga lo scotto dell'imprevedibilità del singolo e della sua storia, e della impossibilità di collocare il disagio individuale in una tassonomia. Ogni volta che il colloquio si realizza, allora, non vi sono tecniche prestabilite cui attenersi se non quella di accettare il rischio della *improvvisazione*, come la chiama Neri Pollastri,[1] intendendo quella capacità di adattarsi al discorso comune seguendo di volta in volta linee nuove, non scritte, ma coerenti con la situazione armonica che si viene a creare.

---

[1] Cfr. per esempio N. Pollastri, *Consulente filosofico cercasi*, cit., pp. 54-58.

Tuttavia anche questa impostazione rischia di apparire insufficiente, e in fondo anche ingiusta, perché la ricchezza del colloquio filosofico non si può ridurre a una individualità irripetibile e indescrivibile: deve essere possibile esplicitare in qualche maniera ciò che accade, e faremmo un torto all'esperienza se ci trincerassimo dietro lo schermo della diversità irriducibile. Certo, non vi sono tecniche definite, non ci sono schemi, né modelli ripetibili e riapplicabili, ma l'esperienza del colloquio filosofico ci mostra allo stesso tempo che esistono invece ben precise *condizioni di possibilità* perché un colloquio si possa realizzare, e l'esperienza ha messo in luce che esistono diversi *momenti* attraverso i quali il dialogo si snoda. Ecco, ora vorrei provare a percorrere queste due direzioni; innanzi tutto mi occuperò di mettere in evidenza queste che ho chiamato *condizioni di possibilità*, e nel prossimo capitolo affronterò il delicato tema delle fasi o *momenti* del colloquio.

Invito però il lettore a tenere sempre ben presente una cautela di fondo che è necessario assumere per non cadere nella forzatura della "tecnica": per quanto io cerchi di tenermene lontano, so bene che molte delle cose che dirò possono essere intese, equivocamente, come formule di un metodo di lavoro rigido, tanto più efficace, magari, quanto più assunto in modo obbediente e pedissequo; una situazione che ricorderebbe quella del miope che si ostinasse a guardare i propri occhiali invece di servirsene per vedere meglio il mondo. Ogni proposta operativa non è che una ulteriore ipotesi di lavoro ispirata dall'esperienza e sempre pronta a essere ulteriormente revisionata mano a mano che l'esperienza si allarga e si diffonde.

1. Prima condizione: l'implicazione dei soggetti

La consulenza filosofica si realizza esclusivamente in base al principio che io chiamo della *implicazione dei soggetti*, ovvero ciò che viene posto in discussione *concerne l'esperienza di vita, singola o associata, del consultante*, e non ha mero valore culturale. Ora però si tratta di comprendere il senso di questo principio di implicazione.

Si può descriverlo, in prima battuta, come il fatto che ciò di cui si discute in qualche modo (da definirsi) riguardi tutti i partecipanti, sia cioè qualcosa per cui vale la pena interrogarsi non per semplice curiosità o per il solo desiderio di sapere (che prelude alla situazione pedagogica o della curiosità culturale), ma comporti un qualche gesto secondo, a esso collegato, anche se solo in via ipotetica. Deve essere qualcosa che in qualche modo *mi riguarda e che ha un ruolo nella mia vita*. Certo non è semplice chiarire con una formula cosa questo significhi, ma si può ben pensare che si tratti di essere coinvolti in situazioni in cui ciò di cui si parla è qualcosa di proprio, che sta in qualche modo nella *mia* esistenza, e rispetto al quale posso presumere prima o poi una condizione di trasformazione. Dunque, ad esempio, la discussione del tema della verità può essere inteso come una situazione di filosofia tradizionale, ma può essere un momento di una consulenza filosofica se ciò avviene all'interno di un dialogo in cui il tema è interrogato per dare risposta a una mia domanda personale, non a una semplice curiosità culturale.

E, d'altra parte, la condizione in cui si sviluppa il dialogo filosofico è sempre una condizione di implicazione. Si muove cioè da questioni che attengono alla sfera del vissuto personale, e si sviluppa in un dialogo che ruota intorno alla necessità di prendere decisioni, di scegliere, di decidere come comportarsi, di stringere o sciogliere relazioni, di fare chiarezza sulle proprie credenze e sui propri desideri. Insomma, ciò che accade nella consulenza filosofica stringe i soggetti alla loro vita, e i soggetti pongono la loro vita in discussione. Ogni parola di un dialogo filosofico è una parola implicata nell'esistenza reale individuale e collettiva.

È evidente che il principio della implicazione dei soggetti si realizza in molte forme e sotto diversi punti di vista. Qui ne sottolineo due: il mettersi in gioco e l'essere presenti, che distinguo in questa schematica ricostruzione delle condizioni di possibilità della consulenza filosofica, pur appartenendo al medesimo principio.

1.1 Mettersi in gioco

Certamente tra i primi requisiti che rendono possibile un colloquio filosofico adeguatamente realizzato vi sono quelli relativi all'accoglienza dell'altro e alla disponibilità all'ascolto, elementi per altro comuni anche ad altri approcci dialogici. È noto, infatti, che nella tradizione della psicologia umanistica, ampiamente ripresa nella pratica del *counseling*,[2] tre sono le qualità richieste a un operatore efficace nel dialogo: in primo luogo la condizione di autenticità, cioè di adeguata congruenza tra ciò che l'operatore pensa, ciò che dice, ciò che mostra, e quindi la sua condizione di spontaneità e di genuinità; in secondo luogo l'accettazione incondizionata del cliente, cioè un atteggiamento di rispetto assoluto dell'interlocutore; in terzo luogo la comprensione empatica dell'altro.

C'è da osservare che, in generale, queste tre condizioni sembrano, magari in misura variabile, adeguate a qualsiasi rapporto ben disposto, a qualsiasi relazione umana non superficiale e non passeggera; la scelta di farne condizione di una pratica è possibile solo se tale pratica fonda la propria efficacia sull'elemento della relazione tra l'operatore e il cliente, come accade appunto nelle relazioni psicoterapeutiche e di *counseling*. Ma la consulenza filosofica non centra la propria natura sulla relazione tra filosofo e ospite, e dunque queste condizioni generali costituiscono solo un elemento condiviso e opportuno ma non caratterizzante. Esse appaiono necessarie allora, così come lo sono nella vita comune, nella nostra comune modalità di approccio personale quando si scelga di rapportarsi all'altro in modo non indifferente e non aggressivo, ciò che può accadere nella vita quotidiana, al lavoro, a scuola, per strada. Certo si tratta pur sempre di una scelta, e quindi siamo già in una dimensione morale, e questo va segnalato, ma sarebbe davvero troppo poco partire da queste condizioni per descrivere il colloquio filosofico. Non sono certo queste, dunque, le qualità che possono distinguere un filosofo consulente. Per questo ho introdotto la nozione di *implicazione dei soggetti*.

Il colloquio in quanto tale non è, infatti, soltanto un gesto fra gli altri ma, come ci insegna buona parte della filosofia contemporanea, un evento fondamentale della nostra esistenza. Come riassume benissimo Maria Luisa Martini commentando l'ermeneutica di Gadamer,

---

[2] Queste caratteristiche sono state indicate e studiate innanzi tutto da Carl Rogers; si veda ad esempio *La terapia centrata-sul-cliente*, Milano, Martinelli, 1970, una sintesi efficace in V. Calvo, *Il colloquio di counseling*, Bologna, Il Mulino, 2007, pp.61-67. Ho preso in esame il rapporto tra pratiche filosofiche e psicologia umanistica nel mio saggio "Una somiglianza di famiglia" in G. Giacometti (a cura di), *Sofia e Psiche*, Napoli, Liguori, 2010, pp. 113-140.

se la disposizione al colloquio corrisponde alla verità più profonda del nostro esistere, in quanto manifesta il nostro bisogno di relazione e la nostra finitezza, nell'attuazione di un dialogo possiamo chiarificare la nostra identità e nella reciprocità del colloquio possiamo acquisire consapevolezza dell'aspirazione a comprendere e a comprenderci.[3]

Ma questa condizione ottimale del dialogo rischia di restare lettera morta, o comunque una bella intenzione, nella realtà in cui viviamo quotidianamente. Di qui la necessità di ritornare attraverso il colloquio filosofico a una condizione autentica di dialogicità in cui il dialogo possa davvero realizzare tutto ciò che è nella sua e nella nostra natura.

A mio avviso, questa necessità prende la forma di quel che possiamo definire come la *capacità di mettersi in gioco,* cioè di essere presenti nel colloquio, non puro specchio per il monologo dell'altro, né semplice presenza competente e giudicante (se non addirittura oggettivante), ma presenza reale di uno scambio. Dunque non solo un orecchio che ascolta, ma una persona che partecipa e che prende sul serio le parole dell'altro, senza sospettare che esse siano suggerite da un burattinaio nascosto e senza ritenersi applicatore di una tecnica. Possiamo prendere in prestito come bandiera del filosofo consulente le parole che Adorno rivolgeva ai suoi studenti:

> lo scopo che mi propongo è solo di fare in modo che se vi occupate di filosofia diventiate davvero degli uomini pensanti indipendenti e autonomi (secondo quella che di solito è soltanto una frase vuota), e che fin dall'inizio prendiate chiaramente coscienza del fatto che la filosofia è l'opposto dell'attività di un burocrate del pensiero.[4]

È importante che ci si renda conto che il filosofo consulente non è un applicatore di regole e di norme, non è un esecutore di formule, di strategie, di pratiche modellizzabili; non è, in questo senso, un burocrate del pensiero, il suo mezzo – la filosofia – glielo impedisce.

Deve essere chiaro che questa prima condizione, il mettersi in gioco, è vincolante non solo per il filosofo, ma altrettanto per l'ospite. Dobbiamo infatti pensare, da questo punto di vista, che la persona voglia assumere la

---

[3] M. L. Martini, *Orizzonte e linguaggio. I confini dell'esperienza del mondo nel pensiero di Hans-Georg Gadamer*, Milano, Mursia, 2006, p. 125.
[4] T. W. Adorno, *Terminologia filosofica*, Torino, Einaudi, 2007, p. 23.

sua stessa esistenza come oggetto di riflessione condivisa. Non è una capacità così scontata; accade spesso, infatti, che vi siano persone, per altro perfettamente razionali e in grado di discutere di qualsiasi cosa, ma assolutamente impenetrabili alla messa in questione della propria esistenza personale per una forma di pudore, per una forma di resistenza all'esposizione, per una preoccupazione di apparire deboli o vulnerabili di fronte agli altri, o per un desiderio di non vedere intaccato il proprio ruolo, la propria *maschera*. In ogni caso è un atteggiamento che può nascondere grandi debolezze e grandi difficoltà, ma che non può essere superato con un semplice atto di volontà. Certo potrebbe essere messo in questione in un colloquio filosofico, ma già il tematizzarlo significherebbe offrirsi proprio a ciò per cui invece non si è disponibili. E allora è una strada impercorribile: di fronte a una chiusura assoluta il consulente filosofico non ha strumenti. Per poter avviare un colloquio filosofico è necessaria almeno una seppur parzialissima, limitatissima, disponibilità al parlare di sé, dopo di che il colloquio può entrare in quella strettissima fessura e allargarla; ma se non c'è almeno quella disponibilità embrionale non c'è strumento che possa far leva. Se ci si trova di fronte a una pregiudiziale ostilità al colloquio, è molto difficile che esso si possa comunque sviluppare; le modalità ostative, quelle che smontano qualsiasi approccio, che alzano barriere alla penetrazione della parola dell'altro possono essere tante e difficili da superare. Se l'interlocutore non è disposto ad accettare il rischio del confronto non è possibile certo imporglielo, e persino la semplice curiosità può non essere facilmente attivabile se non ve n'è un briciolo già disponibile. È necessario, insomma, che vi sia una attitudine a mettersi in gioco almeno parziale, dopo di che il colloquio può porsi come obiettivo quello di svilupparla, farla crescere, tanto da svilupparsi in un colloquio filosofico.

1.2 Essere presenti

Strettamente collegata a questa prima condizione, e sempre nell'ambito della implicazione dei soggetti, possiamo sicuramente collocare la seconda condizione, quella della *presenza*.[5] Un filosofo consulente che voglia realizzare

---

[5] Per un approfondimento di questo tema mi permetto di rinviare al mio *Introduzione alla vita filosofica. Consulenza filosofica e vita quotidiana*, Milano, Mimesis, 2010.

un buon colloquio filosofico non può non essere realmente presente nella situazione, nell'evento. Essere presenti significa molte cose. Naturalmente significa in primo luogo rendersi consapevoli del proprio ruolo, della propria funzione, dello spazio in cui si è collocati, del tempo in cui si agisce. Significa, per il filosofo, essere padrone delle proprie reazioni, cioè aver guadagnato una conoscenza di sé che renda gestibile il proprio lato emotivo, e che gli consenta di fare il passo indietro necessario all'esercizio della filosofia. La presenza è dunque insieme *consapevolezza* del gesto che si sta compiendo e di tutte le conseguenze che esso comporta, e *attenzione* lucida ai propri movimenti, alle proprie parole, alle proprie reazioni. Un'attenzione che non diventa ossessione, che non cancella la *spontaneità*, perché la presenza è anche questo: il filosofo consulente non è mai un burocrate del pensiero, non è mai un applicatore di tecniche, ma è sempre lì, in situazione, esposto all'imprevedibilità del proprio interlocutore e alla impossibilità di prevedere lo sviluppo di un colloquio, sempre disposto a seguire linee discorsive proposte da altri oltre che a proporne di proprie.

Presentando la *pratica filosofica* nel primo capitolo ho messo in evidenza il ruolo decisivo del modello circolare, che nella situazione della consulenza filosofica si caratterizza come una condizione di *presenza attiva* contrapposta alla presenza passiva che caratterizza le situazioni classiche (scuola, conferenza, platea, ecc.). Per presenza attiva si deve intendere in primo luogo *l'esserci* reale delle persone coinvolte, le quali non possono più essere anonimi spettatori, e devono piuttosto mettersi in condizione di scambiare lo sguardo reciprocamente, e poi di sanzionare l'esserci con una presentazione individuale, cioè un livello minimo di riconoscimento. In secondo luogo la presenza attiva prevede *il mettersi in gioco* da parte di tutti gli attori, cioè sia del filosofo che dei partecipanti, anche se ovviamente il grado di messa in gioco dipende dalla specifica situazione e da altri fattori aggiuntivi (situazione occasionale o percorso di molti incontri, temi toccati, confidenza reciproca ecc.).

Stefano Zampieri

2. Seconda condizione: accettare l'imprevedibilità dell'interlocutore

Il filosofo consulente deve accettare come punto di partenza l'*imprevedibilità dell'interlocutore*, cioè deve rinunciare a collocarlo in qualsiasi schema rigido di comprensione come accade generalmente nelle pratiche terapeutiche. L'imprevedibilità dell'interlocutore significa che ogni colloquio è inesorabilmente diverso, possono esservi delle analogie e delle somiglianze ma non esisteranno mai modelli riapplicabili nelle diverse situazioni, la casistica in questo senso è sempre singolare e non ha la pretesa di individuare delle regolarità, ma soltanto di mettere in luce le diverse fasi che possono realizzarsi e le diverse strade cui possono dare luogo.

Il filosofo dunque vi si approccia, ben sapendo che ogni volta egli stesso sarà coinvolto in un gioco di cui conosce molti particolari ma non tutti, di cui sa, grosso modo, lo svolgimento, per quanto ogni volta esso possa avere esiti diversi. Il filosofo non può dunque rifiutarsi di essere coinvolto egli stesso in un evento che è solo in parte prevedibile, e nel quale sarà costretto a mettere tutta la sua intelligenza, tutta la sua capacità dialogica, tutta la sua conoscenza filosofica, tutta la sua esperienza di persona che ha vissuto e che vive, tutte le sue incertezze di persona che non ha mai smesso di interrogarsi. Non è dunque esagerato sostenere che *il mettersi in gioco* in definitiva è la chiave decisiva della consulenza filosofica, senza la quale si parla d'altro e ci si ritrova in altre pratiche, e sia chiaro che non si tratta solo della precondizione per il filosofo consulente, ma di una condizione di possibilità generale che investe entrambi gli interlocutori (o tutti gli interlocutori se sono più di due). Perché mettersi in gioco significa uscire dalla fissità dei ruoli e delle conoscenze, aprire piuttosto che chiudere il campo delle possibilità discorsive, e quindi delle possibilità vitali. Come giustamente afferma Rovatti,

mettersi in gioco è mettere continuamente in crisi se stessi e quindi anche l'idea della soggettività o di soggetto che rappresentiamo a noi stessi e che facciamo entrare nel discorso pratico perché venga condivisa.[6]

---

[6] P. A. Rovatti, *Consulente e filosofo*, Milano, Mimesis, 2010, p. 94.

71

3. Terza condizione: "aiutare" l'interlocutore a esprimersi

La consulenza filosofica non è una pratica di aiuto nel senso stretto del termine; essa si realizza, infatti, anche in situazioni in cui non vi sia una richiesta esplicita di aiuto, ma piuttosto l'esigenza di realizzare un percorso di chiarimento, esplicitazione, approfondimento, comprensione, presa di coscienza ecc… Il fatto che l'interlocutore sia talvolta una persona che chiede aiuto relativamente a un suo problema personale non significa che la consulenza filosofica debba essere intesa come una "professione d'aiuto", alla stregua di professioni come quella dello psicoterapeuta, dello psichiatra, dell'assistente sociale, del logopedista ecc. Il rapporto che il filosofo consulente instaura con il suo consultante (o gruppo di consultanti) è infatti di natura completamente diversa: egli non si fa carico della sofferenza altrui, né offre assistenza, ma si impegna a sostenere con convinzione e con determinazione lo sforzo necessario a intendere le ragioni degli altri. Egli cioè si impegna a far sì che l'altro possa esprimersi in piena libertà: è questo l'aiuto che offre all'interlocutore: lo sostiene nello sforzo di sottoporre a costante vaglio critico le argomentazioni proposte nel corso dei colloquio, senza accettare alcun punto di vista per via di autorità.

È questo, a mio avviso, il solo modo in cui si possa parlare di aiuto nell'ambito della consulenza filosofica, cioè quello relativo alla funzione di base del colloquio, che non è immediata soprattutto nella sua versione "filosofica". Come dice perfettamente Guido Calogero, il compito del dialogo non è semplicemente quello di

> "stare a sentire", ma anche "aiutare a parlare": e non lo si fa solo suggerendo idee, ma bensì sviluppando e accrescendo l'altrui potere di manifestare se medesimo.[7]

---

[7] G. Calogero, *Filosofia del dialogo*, Milano, Edizioni di Comunità, 1969, p. 51.

4. Quarta condizione: l'ironia

Una parte essenziale di questo movimento del mettersi in gioco è, a mio avviso, *il gesto ironico*. Tra le cose essenziali che il filosofo consulente deve apprendere per poter impersonare adeguatamente il suo ruolo vi è infatti un certo atteggiamento che possiamo appunto definire filosoficamente *ironico*. In cosa consista l'ironia è, però, questione assai complessa. Provo ad affrontarla dialogando con Richard Rorty.

> Tutti gli uomini dispongono di un certo numero di parole di cui si servono per giustificare le proprie azioni, le proprie convinzioni e la propria vita. Sono le parole con cui esprimiamo stima per gli amici e disprezzo per i nemici, i nostri progetti a lungo termine, le nostre più profonde incertezze su noi stessi e le nostre più grandi speranze. Sono le parole con cui raccontiamo, a volte guardando al futuro e a volte retrospettivamente, la storia della nostra vita.[8]

Ognuno di noi possiede il proprio *vocabolario*, le proprie parole, quelle che ci consentono di esprimere la nostra vita, di definirci, di esibire una identità, e dunque di raccontarci, di momento in momento, di dare voce alle nostre attese quanto alla nostra memoria, alla nostra indignazione, quanto alla nostra speranza, alle gioie, ai dolori, ai progetti, ai fallimenti. Ogni volta che ci mostriamo al mondo, ogni volta che parliamo di noi, ogni volta che ci mettiamo in questione, di fronte al tribunale della ragione o nelle sacche delle lamentele, ogni volta non possiamo che servirci di questo vocabolario, nel quale sono elencati valori e disvalori, fatti e sentimenti, idee e immagini. Da esso peschiamo, in esso ci orientiamo quando dobbiamo produrre un discorso.

Di fronte a questo vocabolario personale è possibile adottare un duplice atteggiamento. È possibile, in primo luogo, una forma di accettazione incondizionata che identifica il nostro vocabolario con quello del senso comune, e dà così per scontato che esso sia perfettamente valido per comunicare con gli altri perché capace di ridurre le differenze a un fondo comune valido universalmente, il fondo contenuto nella risposta alla classica domanda so-

---

[8] Richard Rorty, *La filosofia dopo la filosofia*, Roma-Bari, Laterza, 2001 (ed. or. 1989), p. 89. Ma si veda in particolare tutto il cap. 4: "Ironia privata e speranza liberale".

cratica "Cos'è X?", cioè la risposta che presuppone un'*essenza*. Certo non si tratta, propriamente, di trovare l'essenza di ogni concetto, ma semplicemente di ammettere che ogni nostra parola *possa essere ridotta a essenza*, perché si riferisce a qualcosa che ha un'essenza.

Possiamo, seguendo Rorty, chiamare questo atteggiamento *metafisico* e vedere in esso il modo d'essere proprio di colui che si rivolge a un consulente filosofico sottoponendogli un problema la cui soluzione gli sfugge di mano. Costui è convinto che il difetto del suo ragionamento possa essere sanato attribuendo un senso corretto al suo vocabolario (cioè all'insieme, egli direbbe, delle sue parole e dei suoi pensieri), dal quale non riesce a staccarsi, e nel quale vuole invece trovare quella verità che gli manca, ma che deve pur esserci. Quella verità della vita e delle cose che gli impedisce di fare una scelta importante, o che gli rende così difficile la vita matrimoniale o professionale, che gli determina quel disorientamento, quel senso di incapacità dal quale non riesce a liberarsi. Da questo punto di vista si tratta soltanto di interrogare concettualmente la realtà perché, così facendo, si potrà chiarire quel vocabolario che il singolo ha ereditato da un tempo e da una cultura, e che deve in fondo, secondo questa logica, essere soltanto chiarito, rischiarato, attraverso un confronto serio con la realtà delle cose come sono *lì fuori*. Non faremmo fatica a vedere in questa forma di realismo ingenuo, in questo atteggiamento che, seguendo Rorty, abbiamo chiamato metafisico, non soltanto il più diffuso luogo comune del consultante, ma anche una altrettanto diffusa convinzione operativa della consulenza filosofica. Convinzione pienamente legittima, e che io stesso sosterrò nelle pagine che seguono, ma non esclusiva, nel senso che essa arroga a sé una verità che può anche essere pensata altrimenti, e che quindi deve anche essere pensata altrimenti. Così come proverò a fare.

Spostiamoci allora sul campo dell'altro atteggiamento possibile di fronte a questo vocabolario personale che ci consente di rappresentarci. Ecco allora che incontriamo, invece, chi considera il proprio vocabolario come soggetto al dubbio, dubbio che non può essere sciolto attraverso una qualsiasi argomentazione che si serva di quello stesso vocabolario. Costui non pensa che il proprio vocabolario sia più vicino alla verità di quello degli altri, così come non pensa che si possa trovare una sintesi comune dei vocabolari tale da fissare un campo di conoscenze definite. Non crede che la parola possa essere ridotta a una qualche essenza. Egli dunque vive nella

situazione di chi non è mai del tutto capace di prendersi sul serio perché è sempre consapevole che le parole con cui si autodescrive sono destinate a cambiare, di chi è sempre cosciente della contingenza e fragilità del suo vocabolario, e quindi di se stesso.[9]

Possiamo dunque chiamare costui *l'ironico*, e altresì possiamo vedervi una prima immagine del filosofo consulente che ha accolto l'idea di mettersi in gioco nell'evento del colloquio. Per l'ironico nulla possiede una essenza rinvenibile dal confronto con la realtà. Ed è quindi costretto a ricorrere a espressioni come *visione del mondo, schema concettuale, prospettiva*, per descrivere il campo di valori e di conoscenza su di sé nel quale è inserito. Egli sa che la sua visione del mondo, il suo schema concettuale, cioè il suo vocabolario, gli consentono di presentarsi al mondo, di darsi una realtà privata e pubblica, e allo stesso tempo una autodescrizione in tutte le situazioni in cui questo sia richiesto. Ma sa anche che ciò *non rappresenta una verità assoluta, né lo specchio di una realtà immutabile*. Non si tratta dunque, per lui, di confrontare il suo linguaggio con qualcos'altro, con quello che sta lì fuori, e di ricavare così, in base alla più o meno marcata corrispondenza, un criterio di verità.

Il metafisico ritiene che il problema della sua esistenza si possa affrontare mettendo in discussione i termini più deboli del suo vocabolario, cioè quelli più indefiniti: "vero", "buono", giusto", "persona", e quindi cerca un'argomentazione logica che possa fare ordine tra le contraddizioni delle sue proposizioni. Immaginiamo un ospite che affermi:

voglio cambiare lavoro, perché questo non mi soddisfa, ma non voglio fare cambiamenti che mettano in crisi gli equilibri della mia vita.

Entrambe le affermazioni/convinzioni (voglio cambiare lavoro/non voglio fare cambiamenti) sono plausibili. Il metafisico prova allora a ragionare su di esse, definendo il termine "lavoro", facendo luce su cosa significhi "essere

---

[9] Ivi, p. 90.

soddisfatti", chiedendosi cosa significa "cambiare", e su cosa siano gli "equilibri" e cosa significhi "metterli in crisi". Così facendo il consultante finisce per delineare la propria visione del mondo, per portarla a esplicitazione, e quindi per avere la sensazione di avere fatto ordine. In questo modo, attraverso una serie progressiva di scoperte intorno alle questioni chiave della sua esistenza, ha la convinzione di essersi avvicinato alla vera essenza di sé e della realtà.

È del tutto possibile che un colloquio filosofico così costruito ("metafisicamente" costruito potremmo dire) realizzi il suo intento preliminare, cioè il fare chiarezza intorno al problema proposto. Anzi, diciamo pure che spesso una fase del colloquio è proprio questa, relativa al chiarimento e alla fissazione dei significati. Tuttavia, se pensiamo che la cosa si esaurisca qui, siamo fuori strada. La questione è che nella consulenza filosofica non si tratta semplicemente di risolvere problemi, quanto piuttosto di creare stabili propensioni ad affrontarli. E allora un atteggiamento "metafisico" nel senso descritto, pur sicuramente utile e persino necessario, non è però sufficiente.

La persona che abbia ragionevolmente affrontato un percorso di consulenza così "metafisicamente" impostato, e che abbia fatto luce sulle oscurità della propria visione del mondo, molto probabilmente all'ostacolo successivo si troverà nella necessità di rifare lo stesso percorso e di scoprire nuove verità (ancora relative al lavoro, oppure a proposito del suo rapporto con la moglie), e di avvicinarsi ancora di più alla presunta essenza di sé e delle cose. In un movimento di continua interrogazione, di esame, di cura di sé, che rappresenta una delle possibili modalità della vita filosofica. Ma non la sola.

Torniamo a osservare l'atteggiamento di quello che abbiamo invece chiamato *l'ironico*, e che abbiamo identificato nella figura del filosofo consulente. L'ironico sa che il proprio vocabolario non rappresenta tanto lo specchio un po' opaco della natura, cioè il mezzo per avvicinarsi progressivamente a una ipotetica essenza delle cose, quanto piuttosto una possibilità che si può rivelare, a un certo punto, inefficace rispetto alla sua vita. Così, nel momento in cui qualcosa in lui produce incertezza, sofferenza, necessità di rivedere il proprio essere, non cerca le ragioni interne nel proprio vocabolario ma prova a rinnovarlo.

Quando cerca un vocabolario decisivo migliore di quello che sta usando al momento impiega, per descrivere il proprio comportamento, le metafore della creazione e non quelle della scoperta, della diversificazione e della novità e non della convergenza verso qualcosa di preesistente.[10]

In questo senso, mentre il metafisico crede nelle argomentazioni e nelle logiche conseguenze del discorso, l'ironico crede piuttosto nella *ridescrizione*, cioè nella creazione di un vocabolario nuovo nel quale le vecchie domande non trovano risposta semplicemente perché vi risultano improponibili.

Così, se riprendiamo il caso precedente, la questione del cambiare o meno lavoro può trovare una collocazione del tutto diversa, che si riassume in una affermazione di questo tipo:

vivere ogni giorno nel luogo in cui gli altri mi accettano e mi ascoltano e io posso parlare è fonte di ricchezza per me.

A questo punto, dunque, non si tratta più di fissare e chiarire significati di un vocabolario vecchio, cioè di quel vocabolario nel quale la domanda iniziale è sorta, e con essa la contraddizione che ha prodotto il disagio. O meglio: la domanda *"Devo cambiare lavoro?"*, irrisolvibile nei termini precedenti (perché associata al significato *"Non voglio fare cambiamenti"*), non ha più senso. Perché il vocabolario nuovo impone una nuova domanda. E il vocabolario nuovo si rivelerà migliore di quello vecchio se in esso la domanda non sarà più viziata dalla contraddizione (oppure sarà coinvolta in un sistema di contraddizioni più tollerabile). Nel nuovo vocabolario è diversa la domanda, prima ancora della risposta.

È chiaro che attribuire in modo rigido l'atteggiamento metafisico al consultante e quello ironico al consulente sarebbe una forzatura inaccettabile. E d'altra parte qui, in generale, non si accoglie la contrapposizione rigida che propone invece Rorty. Entrambi gli atteggiamenti, infatti, si incarnano in ognuno di noi. Ed è altresì vero che abbiamo bisogno di entrambi, in momenti diversi, nelle diverse fasi del colloquio filosofico, ma ciò non significa che i due atteggiamenti siano equivalenti, perché il modo d'essere che abbiamo definito metafisico risulta comunque decisamente meno stabile di quello che abbiamo definito ironico, anche se potrebbe sembrare il contrario. In realtà accade che la pretesa essenzialistica del metafisico finisce per es-

[10] Ivi, p. 94.

77

sere continuamente messa in crisi dal succedersi degli eventi e della realtà che ci mostrano quanto le supposte essenze trovate una volta non siano mai veramente tali. E d'altra parte, invece, l'atteggiamento apparentemente più relativistico e, quindi più instabile, dell'ironico, dovrebbe risultare capace di determinare quell'attitudine alla continua ridefinizione del nostro vocabolario che ci mette in condizione di affrontare le difficoltà. Il metafisico deve ricominciare ogni volta da capo, l'ironico acquisisce un'attitudine.[11]

Certo è anche vero che l'atteggiamento ironico *dovrebbe essere* quello del consulente, innanzi tutto per sé, perché soltanto un atteggiamento di questo tipo rende possibile un confronto sereno con gli altri vocabolari, e scongiura l'idea di cercare fra essi una composizione, una ragione comune sottostante (o trascendente, a seconda dei punti di vista). Il filosofo consulente, per fare bene il suo lavoro, deve sapere, invece, che ognuno coltiva il proprio vocabolario, ma che questo si arricchisce proprio dal confronto e dallo scambio; deve sapere che il destino dell'uomo è quello di passare attraverso una continua ridescrizione di se stesso, cioè attraverso una serie di mutazioni del suo vocabolario, che deve ricreare a ogni svolta della sua vita. E in questa operazione è fondamentale il confronto con un altro vocabolario. Ecco perché il colloquio filosofico è così importante: ci mette di fronte un altro vocabolario, e così può indurci a quella opera di creazione del nuovo vocabolario di cui noi stessi abbiamo bisogno. Ed ecco infine perché è così importante che il filosofo consulente si sappia muovere come un metafisico, ma abbia adottato una prospettiva ironica, perché è solo alla luce di essa che il confronto può prodursi efficacemente, cioè senza tentazioni universalistiche, trascendentali, essenzialistiche, cioè in definitiva senza illusioni.

4.1 Nota su ironia e sincerità

L'ipotesi dell'atteggiamento ironico come uno dei fondamenti del colloquio filosofico che qui sto sostenendo si espone a una giusta critica alla quale è necessario rispondere immediatamente. Perché appare abbastanza chiaro il

---

[11] Sottolineo solo di sfuggita che l'acquisizione di un'attitudine è il gesto che porta alla determinazione della *virtù*. Dovrebbe già apparire, dunque, come il movimento "ironico" del colloquio filosofico ha per sfondo una formazione morale.

rischio che un simile modo di porsi potrebbe comportare, che è poi la stessa trappola in cui cade un certo pensiero post-moderno. L'atteggiamento ironico, infatti, portato all'estremo, non contenuto, scivola inesorabilmente in una condizione di profonda e definiva mancanza di sincerità. Non sarebbe più possibile cioè fermare il movimento continuo dei vocabolari, e di conseguenza soprattutto non sarebbe più possibile rinvenire quel margine di coerenza tra convinzioni personali, credenze, desideri e azioni che noi prendiamo in esame ogni volta che cerchiamo di rispondere alla domanda rispetto alla sincerità di colui che ci sta di fonte (e quindi specularmente anche rispetto alla nostra). Un atteggiamento ironico senza limite renderebbe di fatto impossibile per il singolo *l'assunzione di responsabilità* rispetto alla propria azione. Perché se considero che il vocabolario sia esclusivamente mio, e quindi infinitamente ridescrivibile, e non mi rendo conto che esso è invece "nostro", cioè appartiene a un tempo e a uno spazio, a una comunità di valori e di significati, a una *rete di relazioni*, mi sottraggo tanto alla possibilità di condividere me stesso quanto alla possibilità di agire in modo razionale e indipendente in quella condizione. È vero che io posso continuamente ricreare la descrizione di me, quindi intervenire sul mio vocabolario (è quello che facciamo sempre nella realtà della nostra esistenza), ma è anche vero che il nostro vocabolario è, *nello stesso tempo, anche il nostro agire*: esso non è soltanto un tessuto di suoni e di significati, ma anche l'insieme dei nostri gesti, delle nostre scelte, del nostro muoverci, del nostro toccare, del nostro esserci quotidiano nei rapporti, nei conflitti, nell'economia del dare e del ricevere che costituisce l'esistenza.

Ha ragione allora Alasdair MacIntyre quando afferma a questo proposito che

> il distacco ironico implica prendere le distanze dal nostro linguaggio comune
> e dai nostri giudizi condivisi, e con questo dalle relazioni sociali che presup-
> pongono l'uso di quel linguaggio nel formulare quei giudizi.[12]

Ma non è possibile realmente separare la cautela ironica rispetto al vocabolario che adottiamo (cioè al sistema di valori e significati che ci orientano nella vita), e che esprime il nostro impegno nel mondo, da quell'impegno,

---

[12] A. MacIntyre, *Animali razionali dipendenti*, Milano, Vita e Pensiero, 2001, p. 150.

cioè dal concreto nostro agire nel mondo, rispetto al quale abbiamo una responsabilità che non può essere annullata da un continuo arretramento, in una continua presa di distanza dal nostro gesto. A questo punto quel che ci può salvare da questo pericolo è proprio la nozione che io propongo di *verità locale,* cioè una formula che ci consenta di tenere assieme l'ironia, in quanto atteggiamento filosofico di continua interrogazione rispetto a un mondo privo di essenze definitive, e la necessaria adozione di valori, criteri e significati in base ai quali assumiamo le nostre responsabilità nel mondo. La verità locale è tale per cui so che essa non ha fondamento metafisico e quindi è incollata saldamente al suo tempo, al suo spazio, alla comunità in cui si realizza e alla storia da cui fuoriesce, ma è abbastanza ferma da consentirmi di assumere in base a essa le scelte responsabili che la mia condizione di uomo mi impone e delle quali sono tenuto a rispondere.

5. Quinta condizione: prendere sul serio l'altro

Accettare l'imprevedibilità dell'interlocutore, abbiamo visto, è una delle condizioni di possibilità del colloquio filosofico, ma accanto a essa e a essa strettamente collegata è certamente anche la nostra capacità di prendere sul serio l'altro. E con questa espressione intendo proprio il fatto di non considerare l'altro solo come il portato di energie oscure, di condizionamenti da svelare, se non addirittura di patologie da decifrare, quanto piuttosto come il portatore delle proprie verità. Come filosofo non sono interessato a svelare le sue resistenze, né a far emergere le nascoste tensioni del suo inconscio, quanto piuttosto a esplicitare e discutere le sue ragioni, le ragioni che sostengono le sue azioni, le sue scelte, le sue decisioni. È nel campo delle ragioni che si svolge il colloquio filosofico, non in quello delle dinamiche psicologiche, come già si è detto.

Ma se nel colloquio mi apparisse evidente che il discorso dell'altro è poco credibile? Prendere sul serio l'interlocutore non significa solo rinunciare a indagare le sue parole come se fossero sintomo di altro, effetto imprevisto e involontario di una causa nascosta, ma allo stesso tempo non si può impedire al nostro giudizio di esprimere le proprie perplessità, le proprie sensazioni, le proprie intuizioni. Ciò significa, allora, da un lato che il filosofo consulente non applica la teoria del sospetto alle parole del suo interlocutore, ma allo stesso tempo ciò che il filosofo percepisce di ostacolo alla trasparenza e credibilità delle parole altrui nel discorso va immediatamente tematizzato, cioè deve diventare immediatamente oggetto del discorso stesso. Se ho la sensazione che l'interlocutore stia volutamente oscurando i fatti e le ragioni, metterò in campo questa sensazione e proporrò di discuterne, dando modo all'altro di confermare o di respingere la mia sensazione.

6. Sesta condizione: riconoscere i pre-giudizi

Altro elemento essenziale, soprattutto visto dalla parte del filosofo consulente e in continuità con quanto appena indicato, è la necessità per il filosofo di riconoscere le proprie pre-comprensioni, i propri pre-giudizi, ovvero tutto quel vasto campo di assunzioni preliminari che costituiscono la sua particolare prospettiva individuale. Questo ci porta a toccare, anche se solo di sfuggita, la questione della formazione del filosofo consulente, perché nel percorso che porta un laureato in filosofia a operare come consulente filosofico deve necessariamente rientrare una pratica che gli consenta di fare i conti con questo lato di sé. Attenzione, non si tratta di realizzare una ipotetica e assurda condizione di neutralità che violerebbe proprio il principio di base del "mettersi in gioco" che ho appena evidenziato; si tratta piuttosto di prendere coscienza della propria visione del mondo e di tutti quegli elementi che possono influenzare la nostra capacità di ascolto e di interpretazione. Perché ogni atto interpretativo si fonda anche sul campo delle pre-comprensioni, ma ciò che crea distorsione sono le pre-comprensioni incontrollate; come dice Gadamer, "sono i pregiudizi di cui non siamo consapevoli quelli che ci rendono sordi alla voce del testo."[13]

Nel momento in cui mi dispongo al colloquio, dunque, devo sapere che il confronto tra vocabolari diversi sarà un percorso di costruzione del proprio vocabolario, senza pretesa di mettere in scena verità assolute che nessuno possiede. Al contempo il filosofo consulente deve essere ben consapevole del proprio punto di vista, deve sapere quali sono i suoi riferimenti personali, deve sapere anche quali sono i punti di resistenza, i valori che non condivide, quelli di fronte ai quali si altera, quelli che non è disposto a di-

---

[13] H. G. Gadamer, *Verità e metodo*, cit., p. 317

scutere; deve conoscerli e dominarli. Non perché ogni valore sia adatto, non perché debba valere una regola di relativismo assoluto, ma al contrario proprio perché si sta cercando una costellazione di punti di riferimento validi, capaci di essere efficaci e funzionali ma anche condivisibili, coerenti con l'ambiente in cui si vive e con l'obiettivo generale della realizzazione di una condizione migliore per l'umanità e non soltanto per il singolo.

Conoscere i propri pre-giudizi è dunque necessario per confrontarsi con il discorso dell'altro, oltre che con il proprio, per rendere possibile un discorso autentico.

7. Settima condizione: la disponibilità all'ascolto

La disponibilità a un ascolto attento e critico è una condizione essenziale sia relativamente al lato dell'ospite che a quello del filosofo consulente. Anche in questo caso si dà per scontato che quest'ultimo abbia ben presente la necessità di ascoltare l'altro con viva attenzione e autentica partecipazione e senza giudicarlo. Mentre, normalmente, non si considera a sufficienza che il medesimo atteggiamento debba svilupparsi anche da parte dell'ospite. Perché nel colloquio filosofico non si realizza quella situazione tipica ad esempio dei colloqui di *counseling* nei quali l'atteggiamento dell'ascolto attivo appartiene solo al *counselor*, e si manifesta come assenza di direttività, come facilitazione dell'esposizione del cliente, come tentativo di comprensione delle sue parole attraverso l'utilizzo della "riformulazione" considerata come "la tecnica base e fondamentale del *counseling*".[14] Il filosofo non si limita a riformulare ciò che è detto dall'ospite, ma è presente nel dialogo con le sue parole, e dà vita a una situazione colloquiale bidirezionale, nella quale entrambi gli interlocutori a turno parlano e ascoltano.

Ecco dunque perché, anche dal punto di vista dell'ospite, è da considerare necessaria una *disponibilità all'ascolto* e allo scambio che, ugualmente, il colloquio tende a esaltare, ma certo non può creare dal nulla. Disponibilità ad ascoltare l'altro non è solo un gesto di buona educazione, non si tratta cioè di rispettare semplicemente il turno conversazionale; si tratta piuttosto

---

[14] V. Calvo, *Il colloquio di counseling*, cit., p. 92; sulla nozione di "riformulazione" vedi più avanti il cap. 4 e in particolare il paragrafo 4.

di essere aperti alla comprensione dell'altro, di essere disponibili a interagire con le sue parole. Come dice benissimo Umberto Galimberti:

> il colloquio è fatto solo di parole, ma le parole non si dicono solo, si ascoltano anche. Ascoltare non è "prestare orecchio", è farsi condurre dalla parola là dove la parola conduce.[15]

Il colloquio è la parola detta e scambiata, ed è la parola ascoltata: ascoltare significa farsi condurre dalla parola, farsi portare altrove. E quindi essere davvero disponibili a essere realmente in due (o in molti nel caso di una consulenza di gruppo) e non da soli. Perché c'è questo rischio: che l'ospite si accontenti dello sfogo, del versare fuori tutto il suo discorso, dell'inondare il filosofo consulente con il torrente in piena delle sue difficoltà, dei suoi sentimenti, delle sue ansie, delle sue ipotesi, e non sia pronto a spezzare la catena dei suoi pensieri lasciando che ne entrino le puntualizzazioni, le domande, le osservazioni del filosofo. Di fronte a un ospite che non ascolta mai, il colloquio finisce presto e non ha alcuna possibilità di sviluppo. Anche in questo caso, naturalmente, il colloquio ha fra i suoi obiettivi proprio l'esaltazione di questa attitudine, ma senza una disposizione iniziale esso resta fermo al livello di un monologo senza scambio.

8. Ottava condizione: la padronanza di sé

Se c'è una condizione preliminare che certo appare come tipica e specifica del colloquio filosofico è quella che potremmo chiamare della *padronanza di sé*; qui però bisogna precisare: non si tratta di quella condizione che gli antichi intendevano come esito di un percorso di saggezza, quanto piuttosto, a un livello appunto preliminare, di una condizione di libertà interiore, della libertà di un pensiero non vincolato dalla dipendenza assoluta da una ossessione irrisolvibile, o da una patologia psichica, o da una impossibilità di cambiamento che determina quella servitù del pensiero rispetto alla quale la filosofia risulta impotente e inefficace. Il colloquio filosofico deve per forza muovere da uno spiraglio di libertà, per quanto assottigliato, ridotto, frustrato: un frammento di libertà nel pensiero e nella padronanza di sé è condizione

[15] U. Galimberti, *L'ospite inquietante*, Milano, Feltrinelli, 2007, p. 102.

preliminare necessaria senza la quale il colloquio non è autentico. In questo senso potremmo elencare una serie di personalità con le quali il colloquio filosofico si rende forse non impossibile (perché ogni ostacolo può essere affrontato) ma sicuramente molto difficile, a meno che non abdichino almeno parzialmente a ciò che determina il loro ruolo. Pensiamo all'*ideologo* (nel senso politico o religioso), cioè colui che ha categorie ideologiche fisse e stabili entro cui collocare ogni fenomeno; all'*ossessivo*, che è dominato da un pensiero unico che gli impedisce di cambiare prospettiva, si tratti di una fissazione (il tifoso) o di una dipendenza da sostanze o di una patologia; in generale il *non libero* o il *bloccato*.

Bisogna però fare attenzione a non circoscrivere l'esistenza dei blocchi a una dimensione psichica, come fa ad esempio Elisabetta Zamarchi, la quale a questo proposito afferma che

> dove i deficit dell'esistenza hanno determinato blocchi psichici, la terapia filosofica del linguaggio si esaurisce in breve, perché non può attingere alla capacità dell'altro di far essere ciò che realmente è, in se stesso e nel mondo in cui abita. (…) Se la vita non viene vissuta come un percorso di mutamento e trasformazione, se parti di noi stessi si cristallizzano, tanto che a un certo punto nulla si sa più dell'origine dei propri comportamenti inerziali di difesa, allora le nostre capacità si riducono, o almeno non sono più immediatamente a nostra disposizione per interagire con il mondo.[16]

In realtà la natura del blocco è molto varia, può essere di natura psichica, cioè appartenere al campo dei meccanismi "di difesa" o dei blocchi traumatici o conflittuali, ma spesso appartiene alla dimensione ideologica piuttosto che a quella psichica, e si tratta cioè più di incrostazioni di credenze e di ritualità interpretative capaci di offrire una parvenza di identità, e quindi assunte in modo acritico, indiscusso e pervasivo come nell'esempio del tifoso. Nel caso dei blocchi psichici, vi sono certamente situazioni in cui il colloquio è capace di rompere il guscio più esterno, e quindi di portare l'interlocutore a una attenzione a sé e alla propria esistenza sufficienti per far muovere il discorso filosofico comune, e altre in cui questo invece non accade. Qualcuno, è il caso della Zamarchi appena citata, vede in questo il confine di operatività della consulenza filosofica, e quindi l'apertura del-

---

[16] E. Zamarchi in Contesini, Zamarchi, *Sensibilità filosofica*, Milano, Apogeo, 2009, p. 71.

l'ambito specifico delle psicoterapie; è possibile che sia così, per quanto, essendo anche queste ultime fondate sull'esercizio della parola, soggiacciano probabilmente alla medesima difficoltà. Nel caso del cieco credente, l'ostinazione è difficile da smantellare in qualsiasi forma di dialogo senza un preventivo passo indietro dell'individuo rispetto alla propria credenza; ciò accade normalmente solo a contatto con qualche svolta tragica dell'esistenza (una disgrazia, un lutto, una malattia ecc.) che costringe il singolo a rifare i conti con le proprie certezze, e impone una revisione dei propri punti di riferimento.

9. Nona condizione: la libertà

All'interno del colloquio filosofico si determina, dunque, un contesto in cui l'ospite cerca di mettere a frutto la sua libertà, come condizione essenziale per quella trasformazione dalla quale egli si aspetta un cambiamento rispetto alla propria situazione di disagio. Ma la libertà che è precondizione della consulenza da parte dell'ospite resta comunque anche un obiettivo del percorso. Non si parte per una consulenza filosofica se non c'è uno spiraglio di libertà che la renda possibile, ma poi il percorso dialogico non può fare a meno di entrare in quella iniziale disponibilità per interrogarla e farne una costruzione, e quindi un punto di riferimento. Qui siamo veramente di fronte a una questione chiave della consulenza filosofica in quanto *pratica di libertà*. Ed è uno degli elementi che più chiaramente la distinguono da altre pratiche: non si può pretendere di fare consulenza filosofica se non a partire da una condizione di libertà. Sia nel senso che essa è presupposta come precondizione per lo svolgimento del colloquio, e quindi è pensata come forma costitutiva della persona, sia nel senso che essa è di fatto l'obiettivo verso cui il percorso di consulenza si tende. Come vedremo successivamente discutendo gli scopi della consulenza, io non credo la si possa pensare se non come uno dei processi attraverso i quali oggi il singolo può attendere alla sua emancipazione, e questa poggia necessariamente sulla sua condizione di libertà.

9.1 Nota sulla libertà in consulenza filosofica

Provo ad accennare sommariamente al percorso che attraverso la consulenza filosofica ci può portare a incontrare la nostra libertà seguendo alcune suggestioni fondamentali di Isaiah Berlin, ma tenendo sempre davanti a me l'esperienza reale del colloquio.

In generale, l'attenzione dell'ospite va in primo luogo nella direzione più immediata, quella della cosiddetta libertà negativa, cioè della liberazione dagli ostacoli che si frappongono alla realizzazione dei suoi propositi. Ed è facile cominciare appunto con un elenco, che spesso è anche una ricostruzione biografica, di persone, fatti, condizioni che paiono porsi come ostacoli alla propria affermazione. L'autorità che circonda e impedisce è spesso intesa come una sorta di corpo unico, al di là delle evidenze, e delle pluralità disperse dei fatti e delle persone. Molto più difficile è arrivare a mettere in campo un'idea positiva della libertà, cioè come autodeterminazione. La contrapposizione, che è inevitabile e perfino necessaria, va tenuta ben presente, perché è dalla composizione dei due momenti che possiamo ritrovare la strada che andiamo veramente cercando. Restiamo così sulla scia di Berlin, il quale descrive in questo modo le due diverse visioni del mondo che sottendono i due modelli della libertà.

> I primi [i.e. i sostenitori della libertà negativa] vogliono ridurre l'autorità in quanto tale, i secondi [i.e. i sostenitori della libertà positiva] vogliono che questa sia posta nelle loro mani. Questo è un punto di importanza fondamentale. Non si tratta di due interpretazioni diverse di un unico concetto, ma di due atteggiamenti profondamente divergenti e inconciliabili nei confronti dei fini della vita. E questo va comunque riconosciuto, anche se in pratica è spesso necessario trovare un compromesso tra i due. Perché entrambi avanzano pretese assolute, che non possono entrambe essere soddisfatte completamente. Ma costituisce una profonda mancanza di comprensione sociale e morale non riconoscere che il soddisfacimento che ciascuno di essi esige è un valore ultimo che, sia storicamente sia moralmente, ha ugual diritto a essere annoverato tra gli interessi più profondi dell'umanità.[17]

---

[17] I. Berlin, *Quattro saggi sulla libertà*, Milano, Feltrinelli, 1989, p. 231.

Da questa prospettiva dunque non è possibile ignorare l'iniziale *cahier de doléance* intorno ai vincoli, agli ostacoli, alle restrizioni, alle forzature e costrizioni che rendono effettivamente difficile l'espletamento dell'agire integrale della persona. Ma il passaggio successivo e necessario non può che essere quello dell'adesione a un modello positivo della libertà che consenta di realizzare le potenzialità dell'individuo, la sua autonomia, la sua indipendenza, la sua capacità di decidere e di progettare. Ancora possiamo affidarci alle parole di Berlin per sentir risuonare le valenze di questa visione del mondo compiuta.

Il senso "positivo" della parola "libertà" deriva dal desiderio da parte dell'individuo di essere padrone di se stesso. Voglio che la mia vita e le mie decisioni dipendano da me stesso e non da forze esterne di qualsiasi tipo. Voglio essere un soggetto, non un oggetto; voglio essere mosso da ragioni, da propositi consapevoli che siano proprio i miei e non da cause che mi riguardano, per così dire, solo dall'esterno. Voglio essere qualcuno, non nessuno; voglio essere un agente – uno che decide, non uno per cui si decide; che è autodiretto e non uno su cui agiscono la natura esterna e altri uomini, come se fosse una cosa, un animale o uno schiavo incapace di impersonare un ruolo umano e cioè di concepire degli obiettivi e una propria linea di condotta e di portarli a termine.[18]

Difficile non percepire in ognuna di queste espressioni la voce stessa del nostro ospite: ciò che egli ci chiede, ciò che egli chiede a se stesso. Ma bisogna fare attenzione. Questa prospettiva, infatti, presenta anche dei rischi: essa può cadere tanto nel modello stoico della "cittadella interiore"[19] o in quella del buddismo zen, quanto nel modello individualistico della tradizione liberale. Cioè in prospettive di forte chiusura soggettiva. Come sempre la ricerca di autonomia può tradursi in una condizione di isolamento che solo apparentemente sembra realizzare l'intento prefisso, ma in realtà quanto più delimita la relazionalità del soggetto, tanto più lo depriva delle potenzialità proprie dell'umano.

La grande sfida del colloquio filosofico è proprio quella di muovere dal concetto positivo della libertà come autodeterminazione riportandolo però a

---

[18] Ivi, p. 197.
[19] Cfr. P. Hadot, *La cittadella interiore. Introduzione ai Pensieri di Marco Aurelio*, Milano, Vita e Pensiero, 1997.

una dimensione non individualistica ma piuttosto comunitaria e relazionale. Anche in questo caso, come abbiamo già visto in altri momenti, si tratta di rovesciare il punto di partenza, non tanto il punto d'arrivo: pensare la libertà positiva (libertà di, libertà per) immediatamente nella dimensione relazionale. E ciò è possibile se comprendiamo che ogni elemento della descrizione così felicemente analitica di Berlin raggiunge la propria realizzazione solo nella relazione, mentre la realizzazione che si ottiene ritirandosi nella cittadella interiore è soltanto apparente.

> Non solo la mia vita materiale dipende dall'interazione con gli altri uomini, non solo sono ciò che sono come prodotto delle forze sociali, ma alcune delle idee che ho di me stesso, o forse tutte, e in particolare il senso della mia identità morale e sociale, sono intelligibili soltanto facendo riferimento al reticolo sociale del quale sono (non si deve spingere la metafora troppo in là) un elemento.[20]

Berlin mostra, con le sue molte cautele espressive, di temere le conseguenze di una posizione come questa (ed è comprensibile nella logica di un pensatore liberale), conseguenze che invece io porto consapevolmente all'estremo, intendendo l'identità individuale come un vero e proprio nodo nella rete delle relazioni. D'altra parte anche da una prospettiva semplicemente empirica è evidente che la liberazione dallo stato di dipendenza non può essere solo un cambiamento individuale ma necessita per forza una mutazione nell'atteggiamento verso di me da parte di coloro il cui giudizio e atteggiamento determinano la condizione in cui sono; ogni mutazione del mio stato è una mutazione del mondo, ogni trasformazione individuale è in realtà una trasformazione complessiva dello stato delle cose. Ogni torsione delle mie relazioni è un movimento complessivo di tutta la matassa.

La messa in questione di una prospettiva di libertà positiva è, dunque, un momento essenziale del colloquio filosofico, pur con questa precisa delimitazione: nell'interrogare la possibilità di una determinazione positiva della libertà ci avviciniamo a una condizione diversa da quella che il nostro tempo ci impone, andiamo contro corrente rispetto al fiume della modernità, e già questo pone dei problemi che qui non affronto. Certo va tenuto presente, sia

---

[20] I. Berlin, *Quattro saggi sulla libertà*, cit., p. 220.

a livello dell'individuo che a quello collettivo, che un altro nemico in questa prospettiva, oltre quello dello scivolare nell'individualismo, è quello di restare invischiati nell'idea di una realizzazione finale di valori positivi, come *telos* di un agire libero e autodeterminato. Che l'uomo abbia in sé il desiderio di migliorarsi è cosa certa, ma che questo significhi poter porre un ideale utopico come limite di realizzazione individuale e collettiva è cosa diversa. Purtroppo, per quanto l'ideale utopico possa spesso funzionare da straordinario motore della storia collettiva e di quella individuale, resta il fatto che una soluzione finale non c'è, e che seguiamo un percorso la cui meta non è qui. Di nuovo, allora, ha ragione Berlin quando dice che

> una credenza in particolare, più d'ogni altra, è responsabile della strage di individui sull'altare dei grandi ideali storici – giustizia, progresso, felicità delle generazioni future, la sacra missione o l'emancipazione di una nazione, di una razza o di una classe, o persino la libertà stessa, che esige il sacrificio degli individui per la libertà della società. È la credenza che da qualche parte, nel passato o nel futuro, nella rivelazione divina o nella mente di un singolo pensatore, nelle solenni dichiarazioni della storia o della scienza o nel cuore semplice di un uomo buono e integro, ci sia una soluzione finale. Quest'antica fede riposa sulla convinzione che tutti i valori positivi in cui gli uomini hanno creduto devono alla fine essere compatibili e forse implicarsi persino l'un l'altro.[21]

Purtroppo questo non accade, e i fini degli uomini, per quanto buoni e per quanto positivamente raggiunti, sono inesorabilmente diversi fra loro e forse non sempre compatibili, cioè finiscono per essere potenzialmente conflittuali. Non è a un fine ultimo che ci dobbiamo dunque appellare nella realizzazione della nostra libertà, ma è a quel sistema di punti di riferimento che io chiamo *verità locali*, che sono valori e scelte così forti da indurre in noi l'agire, da determinarlo e guidarlo, ma non abbastanza da porsi come assoluti; essi restano infatti soggetti all'*hic et nunc*, cioè a un tempo e a una storia. Oggetto di una continua revisione che è la nostra capacità di messa in questione, oggetto di una interrogazione che è gesto preminente della vita filosofica. Ciò non toglie che essi abbiano almeno *una direzione*, quella del

[21] Ivi, pp. 231-232.

miglioramento della condizione umana, quella della fuoriuscita da una condizione di minorità.

10. Decima condizione: la disponibilità al cambiamento

Certamente a riassumere molte delle cose dette fino a qui tra le condizioni di possibilità del colloquio visto dalla prospettiva dell'ospite vi è una iniziale disponibilità al cambiamento, senza la quale il colloquio si sviluppa in direzioni diverse da quelle ottimali. Non è impossibile infatti instaurare un colloquio anche con chi non sia affatto disponibile a un possibile cambiamento, ma quel colloquio resterà nella dimensione dello scambio del tutto superficiale, privo di interesse reale, e dunque, dal nostro punto di vista, privo di valore, quale si potrebbe realizzare tra conoscenti al bar, o tra colleghi sul posto di lavoro, o allo sportello di un ufficio pubblico; un colloquio puramente informativo, in cui si chiede una informazione e si ottiene una informazione non vitale, che in quel momento non appare essenziale, ma sostanzialmente occasionale (*A che ora passa il prossimo autobus?*).

Il colloquio filosofico è di un altro genere. Presuppone che ciò di cui si parla, sia pure astratto o concreto, sia pratico o teorico importa poco, sia però in qualche modo vitale, appartenga cioè all'ambito delle cose di cui è importante sapere, appartenga all'insieme delle ragioni di cui abbiamo bisogno per agire, per vivere. Ed è su questo materiale che si costruisce il percorso della consulenza filosofica, un percorso in cui si mettono in campo questioni rilevanti nell'attesa di produrre un qualche cambiamento. Non si può dare un colloquio in una situazione di immobilità, senza cioè la disposizione preliminare al movimento, e senza attendersi che un qualche imprevedibile mutamento accada.

11. Undicesima condizione: un confronto paritario nel rispetto dei ruoli

È opportuno che il colloquio nasca e viva in una *condizione di parità*, in cui il ruolo diverso e reciprocamente accettato degli interlocutori non si traduca però in una differenza di *status*; l'atteggiamento è quello magnificamente rappresentato da Socrate quando afferma:

Ma Crizia, tu ti rivolgi a me come se io dichiarassi di conoscere le cose su cui invece interrogo e come se, volendolo, potessi mostrarmi d'accordo con te su di esse. Non è così, anzi io vado cercando, con la tua collaborazione, la soluzione, perché la ignoro.[22]

Il filosofo consulente non si presenta come il possessore di una verità, di una risposta, di una soluzione alle difficoltà del suo ospite, ma come un ricercatore esperto, in grado di accompagnare l'ospite lungo il cammino esplorativo ove spera di incontrare le proprie risposte. In questo senso si può parlare di una condizione di parità nel confronto dialogico che si realizza, una parità tuttavia che non annulla e non esclude la diversità di ruolo.

Gli interlocutori, infatti, non rinunciano mai al proprio ruolo. Qui però bisogna intendersi sul significato di questo termine. La definizione del ruolo appare dall'intreccio di diversi punti di vista; provo a sintetizzare.

Il filosofo ha un ruolo in quanto "filosofo consulente" riconosciuto, formato in un certo modo e in un certo contesto, operativo in un luogo (lo studio, lo sportello scolastico, il consultorio, il quartiere, l'azienda ecc.), tutti elementi che richiedono il rispetto di una certa immagine condivisa, nel senso che il filosofo consulente per essere "riconosciuto" come tale (dagli altri in generale, e dal suo ospite in particolare) deve esporsi in modo coerente (l'ospite si aspetta che io lo accolga, che lo metta a suo agio, che lo ascolti mentre mi spiega il suo problema, che gli porga delle domande utili a chiarire, che gli spieghi certi passaggi, che non lo giudichi, che non lo rimproveri ecc.); ma allo stesso tempo egli deve "auto-riconoscersi" e quindi interpretare la parte che egli stesso ha elaborato per sé, il proprio modo di essere filosofo consulente, l'immagine che egli ha costruito dentro di sé alla quale intende essere fedele per coerenza. L'intreccio di queste due figure, una pubblica e sociale, l'altra privata, auto-evidente, costituisce l'immagine finale, quel "ruolo" che il filosofo consulente deve impersonare di fronte al suo ospite.

Non diversamente accade all'ospite stesso, il quale sa di dover recitare la sua parte, la parte di chi chiede aiuto a un filosofo, ciò che lui non è, e si offre al dialogo, si predispone all'ascolto e alla condivisione, e sa che questa parte è ciò che gli altri (e fra questi ci sono io come filosofo consulente) si

---

[22] Platone, *Carmide*, in *Tutti gli scritti*, cit., 164b.

aspettano da lui. Entrambi dunque sono nel loro ruolo e devono in qualche modo rispettarlo perché l'evento abbia le caratteristiche che entrambi si aspettano.

12. Dodicesima condizione: un confronto non strategico

Bisogna affermarlo con forza: il colloquio filosofico *non è strategico*, cioè non è rivolto a una immediata soluzione del problema: il fine del colloquio non è risolutivo ma è trasformativo. È chiaro che nella trasformazione si contempla anche un modo diverso di vivere il disagio, e quindi anche il cosiddetto problema, ma l'agire proprio del colloquio non è finalizzato, non è strutturato in vista di una certa soluzione, qualsiasi essa sia. Ciò fa emergere un'altra chiara distinzione tra la consulenza filosofica e tutte le pratiche di derivazione più o meno latamente psicologica (ma anche filosofica) che viceversa sono costruite in modalità strategica ben definita e modellizzata (si pensi come esempi alla Programmazione Neuro Linguistica, o alla Analisi Transazionale). È possibile che rispetto a quelle pratiche emergano delle momentanee somiglianze con il lavoro del consulente filosofico, ma ciò non riduce in nessun modo la distanza che le separa in quanto contrapposizione di modelli strategici a un modello non strategico, con tutte le conseguenze che ne derivano.

Ciò non significa che dalla prospettiva dell'ospite la consulenza filosofica non paia possedere anche una certa valenza costruttiva; l'ospite infatti si rivolge al filosofo solo perché ha in mente la soluzione del suo disagio, senza questa precondizione non si capirebbe perché mai qualcuno dovrebbe investire energie e risorse in una operazione priva di scopo. O meglio: potrebbe accadere, ma sarebbe l'accadere di una situazione marginale, sostanzialmente ludica, non lo sviluppo di una professione. Tuttavia l'impressione di una valenza strategica della consulenza filosofica da parte dell'ospite non deve essere tale da condizionare lo sviluppo della stessa. Che vi sia una "strategicità" marginale (anche quella ridotta dell'ipotesi di trasformazione) nulla toglie al fatto che la consulenza filosofica è certamente un modello di azione assai particolare: l'elemento strategico è relegato ai margini, la dimensione comunicativa resta comunque prevalente.

13. Tredicesima condizione: la sincerità

Nella consulenza filosofica è necessario saper gestire la differenza di opinioni, e ciò diviene possibile se si rinuncia al luogo comune, al *si dice* anonimo, e si adotta invece la regola della sincerità. In base alla quale ci si assume la responsabilità di ciò che coerentemente si afferma. Osserva finemente Jaspers:

> si può "in buona fede" essere di diversa opinione solo allorché si è pronti ad adottare a titolo sperimentale le ragioni dell'altro. Il buon interlocutore viene in aiuto al suo avversario. Ciò può risultare impossibile o perché sussistono interessi vitali assoluti e inviolabili o per la volontà di aver ragione o ancora perché chi discute esprime non delle idee, ma vuoti luoghi comuni. Allora non si ascolta più l'altro e non gli si risponde.[23]

Dunque, da parte di entrambi il colloquio deve essere ispirato al gesto della sincerità come condizione veritativa vissuta e condivisa l'uno di fronte all'altro. Porre la pretesa di verità nella sincerità significa in primo luogo collocare nella consulenza filosofica una esigenza di moralità che ben ci aiuta a comprenderne la specificità. Attraverso questo gesto ispirato alla sincerità, il colloquio filosofico non può che essere orientato, poi, alla realizzazione di una serie di *verità locali*, cioè fortemente situate nel tempo e nello spazio, ovvero nella situazione, e dunque allo stesso tempo solide abbastanza da diventare regolative della mia esistenza, pur restando suscettibili di trasformazione e adattamento nel corso del tempo, cioè dell'esistenza, ed estranee a qualsiasi necessità di accordo tra gli interlocutori.

14. Quattordicesima condizione: usare una ragione leggera

La modalità di pensiero che è richiesta dalla consulenza filosofica è una modalità sostenuta da una *ragione leggera* consapevole della propria contingenza, del proprio essere legata a un tempo e a uno spazio. Posso prendere a modello ciò che appare ben descritto da Luigina Mortari:

---

[23] K. Jaspers, *Piccola scuola del pensiero filosofico*, Milano, Guanda, 2006, p. 69

La ragione leggera è quella che non solo mira a ridurre all'essenziale il centro dei suoi pensieri, disattivando quei vocabolari che fanno solo da ornamento, ma è anche una ragione che non lascia ai suoi pensieri il tempo di cristallizzarsi. Essa, quindi, nutre un pensare aporetico che non s'interrompe mai, perché sa abilmente scartare l'illusione, che sempre accenna a trovare radici, di avere raggiunto la postazione privilegiata da cui cogliere la verità. È un pensare che ama la sua stessa vita, il suo stesso accadere; un pensare impegnato a mantenere aperta la conversazione con altri stili di pensiero, e che nel dialogo sa trovare il terreno per costruire rinnovate versioni del mondo, ma senza pretendere per esse un valore extratemporale che non appartiene loro. È un pensare che non si aggrappa ostinatamente alle idee che produce, ma lascia che abbiano la loro storia, la loro evoluzione, fatta di continue organizzazioni-frantumazioni-revisioni-disorganizzazioni.[24]

Di questa leggerezza ha bisogno la consulenza filosofica: di un ragionare che non si fissa sulle proprie apparenti certezze ma che si avventura nel discorso, che accetta la sfida della conversazione infinita, che non è chiacchiera ma ricerca, una ricerca che non si cristallizza mai perché in perenne movimento, perché ogni momentanea acquisizione viene poi interrogata e posta sotto esame, e la principale preoccupazione è proprio quella di tenere sempre aperto il canale della comunicazione, il campo della possibilità, la dimensione della ricerca. All'interno della quale ha luogo non una ragione forte e impositiva, quanto piuttosto una ragione leggera, o forse meglio una ragione plurale; nell'ambito del colloquio sarebbe infatti meglio parlare di "ragioni", non per contrapporle nel vecchio gioco dello scetticismo e del relativismo, ma per dare senso alla pluralità delle voci che si cercano non per realizzare un monologo, ma con l'intento di consentire a ognuno di conservare la propria intonazione.

15. Quindicesima condizione: lo spirito collaborativo

Il clima generale del colloquio filosofico è ben descritto ancora dalla Mortari che, pur non avendo la consulenza filosofica come oggetto del proprio discorso, nell'elaborare i tratti di un ambiente riflessivo adatto alla dimensione della formazione indica, in modo assai felice, la dimensione di collaborazione

[24] L. Mortari, *A scuola di libertà. Formazione e pensiero autonomo*, Milano, Cortina, 2008, pp. 34-35.

che caratterizza pienamente anche il rapporto che si realizza nel colloquio filosofico. Le condizioni ottimali, infatti, si realizzano

> quando l'ambiente di pensiero è permeato da un'autentica intenzionalità problematizzante, che intende smontare ogni idea data per scontata senza, però, mettere in discussione la persona che quelle idee proferisce, e insieme da un vero clima collaborativo, in cui i partecipanti agiscono l'intenzione di costruire un mondo simbolico condiviso, allora l'effetto che l'ambiente ha sulla mente individuale è quello di provocare una *messa in movimento del pensiero*, evidente nel fenomeno del decongelarsi delle idee in cui la processualità cognitiva si era andata cristallizzando.[25]

Si tratta allora di superare i luoghi comuni che tendono a bloccare il pensiero, a congelarlo in una falsa certezza. Si tratta di rispettare sempre la persona che sostiene le idee anche mentre si discutono e si problematizzano. Si tratta di puntare a una collaborazione ermeneutica perché si intende insieme e, come si vedrà meglio oltre, si costruisce insieme un vocabolario filosofico comune. Insomma, si tratta in primo luogo di mettere in movimento il pensiero, di "decongelare le idee", di metterlo in cammino, insieme.

Ma non c'è solo questo. C'è qualcos'altro di cui bisogna avere coscienza. E cioè che il colloquio filosofico ha natura collaborativa in primo luogo perché è "colloquio". Ciò che vorrei suggerire, e che è emerso dal mio lavoro di filosofo consulente è, dunque, prima di tutto che il colloquio filosofico, come ogni colloquio, mette in scena un sistema di relazioni ben definito, nel quale ognuno di noi ha una parte, recita un ruolo, e non si tratta di una semplice affermazione retorica, ma di una realtà più profonda. Il colloquio filosofico è collaborativo anche in questo senso: che pone gli interlocutori nella condizione di dover elaborare un testo comune, che è la situazione nella quale sono collocati.

Riflettiamo per un istante prendendo in considerazione la conversazione quotidiana. Non possiamo, in generale, fare a meno di notare che la conversazione è un tratto essenziale del nostro mondo, ne è elemento integrante. Ma al di là della banalità del gesto quotidiano, non è così semplice definire la natura di questo evento. Innanzi tutto perché comprendere gli elementi che rendono realmente intelligibile una conversazione richiede l'apprensione

---

[25] Ivi, p. 56.

di molti livelli di realtà, e il mettere mano a una complessità inaspettata. Ora, dovrebbe ormai essere ben chiaro che il colloquio filosofico ha qualità e peculiarità sue proprie che lo distinguono radicalmente dalla comune conversazione; tuttavia vi sono anche alcuni elementi che è bene mettere in evidenza proprio nella conversazione comune perché vi appaiono con particolare evidenza.

Innanzi tutto il fatto che una conversazione appare comprensibile quando è possibile ricondurla a unità e coerenza attraverso una descrizione che identifichi e faccia emergere il carattere di *narrazione* di essa (è una lite tra ubriachi, è uno scambio di pettegolezzi, è una conversazione dotta, è un fraintendimento ecc.). È questa infatti la prima cosa che Alasdayre MacIntyre ci fa notare, che

> una conversazione è un'opera drammatica, sia pure molto breve, in cui i partecipanti sono non solo gli attori, ma anche i coautori, che elaborano in accordo o in disaccordo reciproco la forma della loro produzione.[26]

In questo senso ogni conversazione è di fatto una narrazione, e dunque può essere ricondotta a una certa forma letteraria (tragico, comico, farsesco ecc.) e al contempo sarà dotata di parti introduttive, di svolgimento, di parti conclusive come ogni opera letteraria, e ancora conterrà ribaltamenti, riconoscimenti, momenti di acme, digressioni, intrecci ecc. Senza che tutto questo rappresenti alcuna forma di travestimento o di abbellimento. È semplicemente la modalità con cui si realizza la conversazione, così come è la modalità con cui, in generale, fa notare sempre MacIntyre, avviene l'interazione umana, che è sempre interazione tra personaggi che realizzano, concordemente o meno, diverse forme di narrazione, non per camuffarsi dietro una maschera ma semplicemente perché è proprio dell'umano vivere in questo modo le proprie transazioni.[27]

Dunque, nell'avvicinarci al colloquio filosofico non possiamo dimenticare che la conversazione è prima di tutto interazione fra due attori, che

---

[26] A. MacIntyre, *Dopo la virtù*, Roma, Armando, 2007, p. 256.
[27] In questo senso MacIntyre sostiene addirittura che "la conversazione, se intesa in senso sufficientemente ampio, è la forma della transazione umana in generale." (*Dopo la virtù*, cit. p. 257).

interpretano più o meno consapevolmente un ruolo e che collaborano nell'e-
laborare una narrazione che renda intelligibile l'evento del quale sono presi.

16. Sedicesima condizione: la comunione con gli altri filosofi

Non c'è dubbio che un presupposto essenziale perché si possano realizzare
dei buoni colloqui filosofici dalla prospettiva del filosofo è quella di creare
le condizioni di un regolare confronto tra filosofi consulenti. Perché tale e
tanta è la varietà delle situazioni umane che possono essere vissute nel
colloquio, tale e tanta la varietà delle problematiche, dei dilemmi, delle
scelte, delle valutazioni che una persona può vivere che non basterebbero
cento manuali per raccogliere una casistica attendibile.

Dunque è soltanto dal continuo confronto di esperienze reali, dalla riflessione comune intorno alle scelte che si sono compiute di volta in volta
che i filosofi consulenti possono trarre indicazioni operative interessanti, ma
soprattutto possono ricavare quella misura dell'agire e del pensare che è solo
frutto di esperienza interrogata, o per dirla con una formula che a me piace
di una vita filosofica coerentemente vissuta. È facile comprendere che questo
presupposto pone le basi di un impegno cui solo una efficace organizzazione
può rispondere, sia essa nella forma di una Associazione Professionale o,
piuttosto, in qualche forma di colleganza che dia vita a momenti di confronto
periodico e non occasionale tra filosofi consulenti.

Riporto nel Quadro 3 la sintesi grafica delle condizioni di possibilità del
colloquio filosofico.

QUADRO 3

PRIMA CONDIZIONE: L'implicazione dei soggetti

SECONDA CONDIZIONE: Accettare l'imprevedibilità dell'interlocutore

TERZA CONDIZIONE: Aiutare l'interlocutore ad esprimersi

QUARTA CONDIZIONE: L'ironia

QUINTA CONDIZIONE: Prendere sul serio l'altro

SESTA CONDIZIONE: Riconoscere i pre-giudizi

SETTIMA CONDIZIONE: La disponibilità all'ascolto

OTTAVA CONDIZIONE: La padronanza di sé

NONA CONDIZIONE: La libertà

DECIMA CONDIZIONE: La disponibilità al cambiamento

UNDICESIMA CONDIZIONE: Un confronto paritario nel rispetto dei ruoli

DODICESIMA CONDIZIONE : Un confronto non strategico

TREDICESIMA CONDIZIONE: La sincerità

QUATTORDICESIMA CONDIZIONE: Usare una ragione leggera

QUINDICESIMA CONDIZIONE: Lo spirito collaborativo

SEDICESIMA CONDIZIONE : La comunione con gli altri filosofi

V. I momenti della consulenza filosofica

È necessario chiarire subito che l'esperienza mi ha convinto del fatto che non sia possibile stabilire una suddivisione del colloquio filosofico in passaggi definiti e stabilizzati. Chi ha tentato di farlo ha dovuto ovviamente fare i conti con l'eccessiva rigidità di qualsiasi modello. Così è, ad esempio, per Marinoff, quando indica il metodo PEACE, acronimo di Problema, Emozione, Analisi, Contemplazione, Equilibrio, e lo definisce come "la via più sicura per raggiungere una durevole pace interiore".[1] In realtà si tratta esclusivamente di una ipotesi di lavoro che può essere confermata solo a prezzo di una rigida impostazione del colloquio stesso, che deve essere attentamente guidato e condotto con piglio fortemente direttivo per realizzarsi secondo simile modalità. A meno che non si tratti, invece, soltanto di dedurre *a posteriori* la presenza di queste fasi nel colloquio reale, ma allora si tratterebbe soltanto di una procedura interpretativa forzata che per riuscire deve trascurare mille altri passaggi, mille altri momenti. Certo è che essa si presta a essere utilizzata in forma strategica, come d'altra parte sembra proporre lo stesso Marinoff, che non esita nell'affermare: "Sei in grado di aiutare te stesso in termini filosofici che tu sappia o meno distinguere Aristotele dallo Zen. Non hai che da seguire le fasi del procedimento PEACE".[2] Ma da simili

---

[1] L. Marinoff, *Platone è meglio del Prozac*, Casale Monferrato, Piemme, 2001, p. 58.
[2] Ivi, p. 74. Si noti che in seguito lo stesso Marinoff ha elaborato un altro modello, il metodo MEANS, *Moments of truth* (momenti di verità), *Expectations* (aspettative), *Attachments* (attaccamenti), *Negative emotions* (emozioni negative), *Sagacious choices* (scelte opportune). Cfr., L. Marinoff, *Le pillole di Aristotele*, Piemme, 2003, pp. 379-397. Anche in questo caso l'autore conclude con una potente iniezione di sano ottimismo americano: "Una volta che

offerte ammiccanti, aggiungo io, è bene che chi ha fiducia nel colloquio filosofico si tenga lontano.

In parte diversa la proposta di Peter Raabe di una suddivisione del
colloquio filosofico in quattro stadi: la libera fluttuazione, la risoluzione del
problema immediato, l'insegnamento come atto intenzionale, la trascendenza.[3]
Egli stesso infatti usa molte cautele nel presentarli, e chiarisce ripetutamente
che in effetti non sono così chiaramente differenziati, né tanto indipendenti
da essere facilmente riconoscibili, né infine si ripetono con cadenza prevedibile in ogni colloquio; insomma, come osserva acutamente Neri Pollastri
introducendo il volume,

> il modello in quattro stadi è più uno strumento analitico di comprensione e
> orientamento, utile per non perdersi nel mare della complessità del *logos*
> della consulenza, che uno strumento operativo, da usare passo-per-passo nel
> corso della ricerca filosofica collaborativa tra consulente e cliente.[4]

Detto questo dovrebbe apparire sufficientemente chiaro che nelle pagine
che seguono non intendo minimamente riproporre una metodologia per fasi,
che appare improponibile per il colloquio filosofico, ma semplicemente fare
tesoro dell'esperienza, e quindi raccontare fenomenologicamente quel che mi
appare nella situazione di consulenza. Non per ricavarne una tecnica da riproporre, ma per rintracciare il senso dell'evento dialogico nel suo svolgersi.
Come si vedrà, non propongo un percorso perché l'imprevedibilità della
consulenza se ne farebbe beffe, a meno di tornare a un approccio strategico
che non è proprio del colloquio filosofico. Le "fasi" di cui parlerò nelle
pagine seguenti sono dunque soltanto una necessità descrittiva (e didattica)
rispetto a un evento che resta organicamente complesso e indivisibile. Non
si deve credere tuttavia che il filosofo consulente lavori sul nulla: egli ha
piuttosto ben presenti tutti gli aspetti di complessità che sono appunto organicamente connessi e strutturati in ogni colloquio, e ne è in qualche modo
consapevole e dunque non succube.

---

avrai utilizzato il metodo MEANS per costruire e arredare la tua casa filosofica, essa diventerà
unicamente tua", p. 397.
[3] Cfr. P. Raabe, *Teoria e pratica della consulenza filosofica*, Milano, Apogeo, 2006.
[4] N. Pollastri, "Un primo 'manuale' per l'apprendista consulente filosofico", introduzione a P.
Raabe, *Teoria e pratica della consulenza filosofica*, cit., p. XXIV.

1. Esistono dei momenti nella consulenza filosofica?

Ho già detto che non è possibile stabilire delle tecniche precise né delle scansioni operative rigide nella consulenza filosofica, ma che l'esperienza ci ha messo in evidenza l'esistenza di varie fasi molto generali, che si articolano nel corso dei colloqui. Per farne solo l'elenco dovremmo osservare dunque che di solito il colloquio individuale si apre con una fase autobiografica in cui l'ospite colloca il suo disagio o il tema del quale intende discutere, il cosiddetto "problema", in una storia. Da questa apertura emergono progressivamente delle parole chiave, dei concetti, delle questioni che il colloquio deve strappare dall'indifferenza e interrogare, innanzi tutto dialettizzandoli, e quindi chiarificandoli, riconsiderandoli, attuando talvolta una necessaria variazione prospettica. Nel colloquio di gruppo, per lo più l'apertura è piuttosto spostata verso i temi proposti alla discussione dal filosofo consulente, in modo diretto o attraverso un qualche stimolo (brano filosofico, immagine, narrazione, figura ecc.) e il momento biografico si inserisce nello sviluppo della discussione come argomento essenziale a sostegno del percorso di chiarimento e di sviluppo dei temi. Nella maggior parte dei casi, a questo punto si assiste a una lenta ma progressiva *ridescrizione* dell'ospite (o degli ospiti). Mentre ci si avvia alla conclusione, che può consistere nella semplice ma essenziale consapevolezza di aver imboccato un cammino di riflessione e di analisi di sé efficace, oppure nell'acquisizione di una attitudine filosofica, o ancora – ma qui si allude a una prospettiva di lungo termine – nella adozione di una vita filosofica.

Lo schema è chiaramente molto limitato, le fasi non hanno una scansione precisa, talvolta l'elemento autobiografico viene ripreso più volte nel corso del dialogo, così ugualmente i temi che emergono possono prestarsi a sviluppi interessanti oppure risultare sterili ed effimeri nell'interesse dell'ospite. In qualche caso la messa in discussione del tema diventa punto di passaggio per l'emersione di temi nuovi e diversi, in altri casi appare che il tema che all'inizio sembrava decisivo si dissolva nel colloquio lasciando spazio ad altri argomenti e altre riflessioni. E ancora, la ridescrizione di sé può essere solo provvisoria e incerta, e può non realizzarsi affatto. E anche la conclusione può essere assai ambigua: in qualche caso, la sensazione di positività denunciata dell'ospite non corrisponde a un reale percorso, almeno nella comprensione che ne ha il consulente, lasciando spazio così a molti interrogativi.

C'è chi pensa che il colloquio filosofico si possa rappresentare come una linea sostanzialmente retta, che da una questione iniziale (Q), attraverso alcuni passaggi, arriva a una soluzione finale (S), così come indicato nella prima parte della Figura 5. Ma la realtà del colloquio è molto più complessa: si parte da una questione ma poi il percorso è un insieme reticolare di sentieri molti dei quali sono intrapresi e interrotti, solo alcuni si sviluppano, in qualche caso si torna anche indietro, e il procedere quindi non è lineare, ma assomiglia piuttosto, anche se vagamente, a quanto illustrato nella seconda parte della Figura 5.

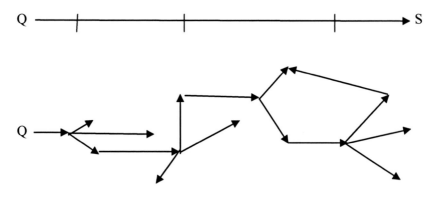

Figura 5

Accontentiamoci dunque di un elenco generalissimo di diversi momenti che compongono il colloquio in tutta la sua complessità. Li possiamo tenere presenti per poterci orientare nella nostra riflessione intorno al lavoro che andiamo a fare, certamente non per vincolarlo e determinarlo a priori. Provo allora a discutere i vari momenti distinguendoli nettamente uno dall'altro, anche se sappiamo perfettamente che essi si presentano per lo più in modo intricato e confuso, non sempre distinguibile chiaramente.

Stefano Zampieri

2. Il momento narrativo biografico

Si è detto che la consulenza filosofica ruota intorno a un *vissuto problematico*, portato dal consultante (o dal gruppo di consultanti) e che può presentarsi come una varietà di questioni etiche, relazionali, esistenziali, ma anche decisioni complesse o dubbi, revisioni progettuali, scelte, separazioni, lutti, cambiamenti ecc. Sarà opportuno, a questo punto, soffermarsi un poco a riflettere intorno a questo *momento narrativo biografico* così delicato e così importante, anche se, ricordiamolo, non esclusivo e non conclusivo.

Il movimento che dà vita a un percorso biografico è inesorabilmente segnato da una contraddizione: da un lato infatti esso si presenta come un movimento di concentrazione su di sé, di accentramento, di rotazione concentrica nella giostra della soggettività, ma dall'altra lo stesso movimento contiene in sé il proprio antidoto in quanto capace di esprimere una forza centrifuga, un processo di allargamento dell'io. Costruire nel colloquio la propria narrazione biografica, infatti, significa operare uno spostamento, una sorta di sguardo dall'alto, di prospettiva decentrata con la quale ci si allontana da sé. L'io che osserva e racconta, *l'io tessitore*,[5] si distingue dall'io raccontato come se fosse un altro, fedele in questo alla scoperta carica di meraviglia di Rimbaud, per il quale *l'io è un altro*. In questo modo lo sguardo decentrato (anche se non è mai così esterno come vorrebbe essere) costruisce la nostra identità, dice chi siamo, ma al contempo evita che questo determini una identificazione unilaterale con il nostro io. Il movimento di narrazione biografica nel colloquio filosofico appare essenziale per la costruzione dell'identità, ma al contempo consente di superare la propria parzialità instaurando anche una nuova relazione con sé e con il mondo, impostata sul superamento della soggettività con tutte le sue pretese di onnipotenza e di dominio del mondo e degli altri. Se nel mondo antico il superamento dell'egoità ristretta corrispondeva all'identificazione con il saggio come mediatore rispetto alla razionalità universale, e con il santo come mediatore con il divino, oggi questo movimento ci porta piuttosto a far emergere la natura relazionale della nostra condizione.

---

[5] Cfr. D. Demetrio, *Raccontarsi. L'autobiografia come cura di sé*, Milano, Cortina, 1995, p. 14.

103

La narrazione biografica non può dunque essere intesa come un atto solipsistico, ma deve piuttosto essere vissuta come un percorso di avvicinamento agli altri. D'altra parte è ben difficile non rendersi conto che il processo di memoria che sostiene il lavoro di narrazione biografica seleziona i ricordi, è vero, ma nessun ricordo può mai essere strappato al mondo che gli appartiene, nessun ricordo è mai del tutto irrelato: ogni volta che ricollochiamo in una storia un fatto, un sentimento, un'emozione, un'idea, un desiderio, una credenza, noi ricollochiamo parti di mondo, sistemi di relazioni, in cui siamo presi con gli altri. È in questo modo che si realizza probabilmente quel che Gadamer chiama "fusione di orizzonti",[6] dove la storicità insuperabile della nostra condizione umana, del nostro essere, si rovescia nel momento del comprendere, per cui il mio presente non è mai annullato, ma piuttosto messo al servizio della comprensione del mio passato. Il passato dunque non si restituisce mai oggettivamente come se fosse possibile porsi esternamente a esso, ma lo si media attraverso il presente reale che funziona da stimolo per la ricostruzione e reinterpretazione di noi stessi. È quanto aveva già perfettamente chiaro Schopenhauer, quando affermava che

per vivere con perfetta *assennatezza*, e per trarre dalla propria esperienza ogni ammaestramento contenutovi, è necessario ripensare spesso al passato e ricapitolare quanto si è vissuto, fatto, sperimentato e sentito, paragonando inoltre il proprio giudizio antico con quello attuale, il proponimento e l'aspirazione con il risultato e la soddisfazione.[7]

Al contempo, tuttavia, è ben chiaro, e in ciò consiste il principale limite del movimento di narrazione biografica, che in essa io cerco di distaccarmi da me (attraverso la duplicazione dell'io tessitore e dell'io raccontato), ma mi scontro con il fatto che io comunque resto *implicato* con me stesso. Mi sdoppio per raccontarmi, assumo una prospettiva dall'alto per costruire una identità narrativa, ma quella implicazione resta comunque a indicare il limite di questo movimento. Un limite che il colloquio filosofico cerca di superare introducendo *lo sguardo dell'altro* accanto al mio, uno sguardo non impli-

[6] Cfr. H-. G. Gadamer, *Verità e metodo*, cit., pp. 356-357.
[7] A. Schopenhauer, *Parerga e paralipomena*, Milano, Adelphi, 1981, vol. I, p. 564.

cato che anzi, con la sua interrogazione, anche solo con la sua presenza, contribuisce ad aprire l'implicazione. È un meccanismo che già gli antichi conoscevano,[8] come sottolineava Seneca:

Nessuno, da solo, ha la forza necessaria a emergere dai flutti. Occorre che qualcuno gli tenda la mano.[9]

Per gli antichi questa mano che ci aiuta a uscire dai flutti è quella di un maestro. Per noi moderni (o post-moderni) è l'interrogazione dell'altro, nel colloquio, che ci consente di osservare noi stessi allontanandoci da noi e nello stesso momento restituendoci al tessuto di relazioni senza il quale non saremmo.

Fatte queste precisazioni è possibile ora entrare più in dettaglio in questa prima fase del colloquio. La voce congiunta del filosofo e del suo ospite colloca un problema, un disagio, un fatto, in una narrazione biografica, inizialmente senza nessuna intenzione razionalizzante, perché non si tratta di spiegare quanto piuttosto di descrivere; in base al principio per cui

prendiamo piena coscienza, piena consapevolezza della nostra vita attraverso la sua ricostruzione in forma narrativa. È attraverso la narrazione che diamo una prospettiva e un significato alla nostra vicenda esistenziale.[10]

Ma deve essere chiaro che la descrizione non è un atto neutrale e oggettivo: il discorso si serve della memoria per rievocare,[11] cioè per ripercorrere l'evento e in qualche modo riviverlo condividendolo però nel colloquio, oppure per ripensarlo dando nuove attribuzioni di valore e quindi operando sia rivalutazioni che censure, e comunque selezionando fatti, eventi, sentimenti, emozioni, desideri e credenze secondo una dinamica che attraverso le maglie dell'oblio e della memoria appare alla fine in grado di ricrearsi narrativamente, cioè di elaborare quello che Ricoeur chiamerebbe un *intreccio*, che in definitiva rappresenta un prendersi in carico ciò che si è stati, cioè

---

[8] Cfr. M. Foucault, *Ermeneutica del soggetto*, Milano, Feltrinelli, 2003, p. 113.
[9] Seneca, *Lettere a Lucilio*, V, 52, 1-2, in *Tutti gli scritti*, Milano, Rusconi, 1994.
[10] R. Atkinson, *L'intervista narrativa*, Milano, Raffaello Cortina Editore, 2002, p. 13.
[11] Cfr. per questi aspetti M. Mapelli, "La conversazione biografica come pratica filosofica", in *Adultità*, n. 27, marzo 2008, pp. 101-110.

una assunzione di responsabilità: delineo ciò che sono stato fino a oggi perché così me ne assumo la responsabilità, appunto, e tratteggio l'immagine di quel che ora sarò. Da questa prospettiva

> raccontare è qualcosa di più che ri-cordare: è ri-membrare, ovvero "ricostruire il corpo" della propria esperienza, che il rincorrersi delle azioni e situazioni aveva "smembrato" rendendolo irriconoscibile persino a noi stessi.[12]

Aggiunge Larmore:

> Non esiste autoritratto che non sia anche un atto di autocreazione. L'impresa deve certamente iniziare nel modo cognitivo, poiché bisogna stabilire le credenze e i desideri che vi figureranno. Ma non può concludersi che con una costruzione di sé, mano a mano che si precisano i rapporti fino ad allora indeterminati tra questi elementi, per fissare il loro posto nell'insieme del ritratto.[13]

Non diversamente Pierre Bourdieu rintraccia nell'azione biografico-narrativa un intento a farsi "ideologi" della propria vita selezionando alcuni eventi piuttosto che altri, mettendo in evidenza un evento piuttosto che un altro, con intenzione di istituire una rete di connessioni non scontata:

> È lecito supporre che la narrazione autobiografica sia sempre, almeno in parte, motivata dall'intenzione di dare un senso e una ragione, di scoprire una logica retrospettiva e insieme prospettiva, una consistenza e una costanza, collegando con relazioni intelligibili, come quella fra effetto e causa efficiente, momenti successivi che così si pongono come tappe di uno sviluppo necessario.[14]

Nello stesso senso Robert Atkinson sottolinea come una vera narrazione autobiografica non debba mai dipendere dall'adesione e dall'obbedienza a criteri esterni, ma piuttosto consista in un percorso di interna coerenza:

[12] C. G. Cortese, "Prefazione" a R. Atkinson, *L'intervista narrativa*, cit., p. XXXIII.
[13] C. Larmore, *Pratiche dell'io*, cit., p. 191.
[14] P. Bourdieu, *Ragioni pratiche*, Bologna, Il Mulino, 2009, p. 72.

L'approccio narrativo allo studio della vita mette l'enfasi sulla coerenza interna così come è stata sperimentata dal soggetto, anziché su dei criteri esterni di verità o di validità.[15]

In questo senso la narrazione biografica ha un valore essenziale perché assume la configurazione di un punto di riferimento che ci consente di vivere e superare una fase di cambiamento esistenziale. Anche se, va precisato, non di un cambiamento soltanto si tratta, ma di quella infinita serie di trasformazioni cui la vita ci sottopone in tutte le sue fasi. La capacità e l'attitudine a raccontarsi e poi a interrogarsi, e a mettersi sotto esame, dovrebbe divenire un *habitus*, ovvero un tratto caratteristico di quella che io chiamo vita filosofica, nella quale ci dobbiamo attendere sempre continue trasformazioni e quindi nuove descrizioni di sé, e un processo di inarrestabile revisione della memoria e quindi dell'identità, e sempre rinnovati gesti di riconoscimento. Si tenga ben fermo, tuttavia, che nel colloquio il gesto biografico è solo una fase, un punto di partenza e un punto di passaggio: non è né il fine né il mezzo del colloquio stesso.

Indico, a puro titolo di esempio, alcune possibili punti di partenza di un percorso di narrazione biografica, suddividendoli in "domande" che il filosofo consulente può proporre al suo ospite, o in "storie" che può suggerire di raccontare, oppure ancora in ruoli fra i quali l'ospite può essere chiamato a rivendicare giustificando biograficamente la scelta.

Le domande

- Quali sono state le tappe fondamentali della tua vita?
- Quali sono stati gli "aiutanti" nella tua esistenza?
- Chi sono stati i "nemici" nella tua esistenza?
- Quali sono state le cose realizzate nella tua vita?
- Quali sono state le cose attese e non ancora raggiunte nella tua vita?
- Quali sono stati i fallimenti?
- Quali erano i tuoi sogni nel cassetto?
- Quali sono state le tue maggiori responsabilità nel corso della tua esistenza?

---

[15] R. Atkinson, *L'intervista narrativa*, cit., p. 93.

- Quali sono stati i valori che ti hanno caratterizzato, in positivo o in negativo?
- Qual è la domanda che vorresti fare alla tua vita?
- Qual è la domanda che hai fatto alla tua vita senza trovare risposta?
- Qual è l'esperienza più importante della tua vita?
- Qual è l'esperienza più bella della tua vita?
- Qual è l'esperienza più brutta della tua vita?
- Qual è l'esperienza della tua vita che non rifaresti?
- Qual è la parola chiave più importante per la tua storia personale?

Le storie

- La storia della tua felicità.
- La storia del tuo dolore.
- La storia della tua malattia.
- La storia del tuo rapporto con il mistero e la fede.
- La storia del tuo rapporto con la morte.
- La storia del tuo rapporto con il lavoro.
- La storia del tuo rapporto con il corpo.

I ruoli

- padre/madre
- figlio/figlia
- nonno/nonna
- fratello/sorella
- lavoratore
- (dettaglio: insegnante, operaio, impiegato, artigiano, imbianchino ecc.)
- disoccupato
- precario
- pensionato
- casalinga
- single

3. L'affioramento delle questioni

Dalla fase della narrazione biografica del colloquio emerge sia una prima identità narrata dell'ospite, sia la focalizzazione che egli ci chiede rispetto a un tema/problema/disagio. Talvolta è questa prima focalizzazione che emerge come tema dominante da interrogare, in altri casi invece dal discorso comune tra il filosofo e il suo ospite emergono altre questioni che meritano di essere strappate all'indifferenza. E qui è importante che il filosofo sappia riconoscere le questioni più feconde, quelle più capaci di sollecitare la riflessione e l'interrogazione. Naturalmente sarebbe assurdo stilare un elenco con una pretesa di completezza, perché le questioni chiave, le figure, le tracce del discorso filosofico sono praticamente infinite, anche se forse col tempo e la condivisione delle esperienze potremo un giorno, in futuro, stilare un repertorio più ricco e coerente. Certo, per il momento, sulla base almeno della mia personale esperienza, posso dire che alcune chiavi filosofiche ricorrenti sono piuttosto chiare. Vediamole, in ordine sparso e collegandole con alcuni esempi di domande che più frequentemente emergono nel colloquio filosofico.

La questione degli **obiettivi** (domande)

- *Quali obiettivi hai raggiunto con questa iniziativa?*
- *Quali obiettivi pensavi di raggiungere?*
- *Quali obiettivi puoi dire di aver raggiunto nella tua vita?*

La questione degli **ostacoli** (domande)

- *Quali ostacoli hai incontrato nella tua vita?*
- *Quali ostacoli hai incontrato in questa vicenda?*
- *Quali ostacoli hai dovuto superare?*
- *Quali ostacoli non sei riuscito a superare?*
- *Quali ostacoli ritieni di avere ancora di fronte a te?*

La questione delle **conseguenze** (domande)

- *Quali sono state le conseguenze di queste tue scelte/azioni/decisioni/ reazioni?*
- *Quali conseguenze immagini possibili di fronte alle cose che stai per fare?*
- *Quali conseguenze non avevi previsto?*
- *Quali conseguenze avresti voluto evitare?*
- *Quali conseguenze non hai potuto evitare?*

La questione delle **responsabilità** (domande)

- *Qual è stata la tua responsabilità in questa vicenda?*
- *Ti sei assunto le tue responsabilità?*
- *Gli altri si sono assunti le loro responsabilità?*
- *Sei responsabile nei suoi confronti?*
- *Qual è il margine tra la responsabilità e la colpa?*
- *Chi è responsabile per quello che è accaduto?*
- *Quali sono le responsabilità che vuoi assumerti?*
- *Quali sono le responsabilità che non vuoi assumerti?*

La questione dei **limiti** (domande)

- *Quali sono i limiti di questa situazione?*
- *Quali sono i tuoi limiti rispetto a questa situazione?*
- *Pensi di avere superato i tuoi limiti in questo caso?*
- *Il tuo progetto va oltre i tuoi limiti?*
- *Chi ha fissato questi limiti?*
- *Bisogna fissare dei limiti?*

La questione delle **possibilità** (domande)

- *Quali possibilità hai di fronte a te?*
- *Questo evento apre delle possibilità nuove?*
- *Come sfruttare tutte le possibilità?*

- *Hai esaminato tutte le possibilità della situazione?*
- *Quali altre possibilità possiamo considerare?*
- *Quali sono le scelte possibili?*
- *È possibile agire in questo modo?*

La questione delle **impossibilità** (domande)

- *Quali di queste scelte è impossibile?*
- *Quando ti sei accorto che questa soluzione era impossibile?*
- *Perché questa soluzione è impossibile?*
- *Quali sono le cose che reputi impossibili?*
- *Quali cose erano impossibili nel passato e ora sono diventate possibili?*
- *Quali cose oggi possibili in futuro diventeranno impossibili per te?*

La questione del **giudizio** proprio e di quello altrui (domande)

- *Come ti giudicano gli altri?*
- *Come ti giudichi tu stesso?*
- *Conta più il giudizio degli altri o il tuo?*
- *Quanto siamo dipendenti dal giudizio degli altri?*
- *Il giudizio di quella persona ti condiziona?*
- *Come sviluppare il nostro giudizio su noi stessi?*
- *È possibile ignorare il giudizio degli altri?*
- *È giusto ignorare il giudizio degli altri?*

La questione generale dell'**alterità** (domande)

- *Come ti rapporti agli altri?*
- *Chi sono gli altri per te?*
- *Che posto hanno gli altri nella tua vita?*
- *Quali relazioni intrattieni con gli altri?*
- *Gli altri sono buoni o cattivi?*
- *Quale fra gli altri può essere d'aiuto per te?*
- *Quale fra gli altri può essere nemico?*

La questione della **conflittualità** (domande)

- *Quando è iniziato questo conflitto?*
- *Quali sono le parti in causa in questo conflitto?*
- *Dove può scoppiare il conflitto?*
- *Questo tuo gesto/decisione può determinare conflitto?*
- *Come è possibile affrontare il conflitto?*
- *È giusto affrontare il conflitto?*
- *Questo conflitto può essere evitato?*
- *Chi sta cercando il conflitto?*
- *Chi si adopera per evitare il conflitto?*
- *Chi fomenta il conflitto? A chi serve il conflitto?*
- *Chi verrà danneggiato dal conflitto?*

La questione della **realizzazione** (domande)

- *Quali sono gli obiettivi che ritieni di aver realizzato?*
- *Quando ti sei reso conto di aver realizzato il tuo progetto?*
- *Cosa è cambiato con la realizzazione di questo tuo progetto?*
- *Chi ti ha aiutato nella realizzazione di questo?*
- *Chi ti ha ostacolato nella realizzazione di questa cosa?*

La questione del **fallimento** (domande)

- *Quali tuoi progetti sono falliti?*
- *Perché sono falliti?*
- *Temi che questa cosa possa fallire?*
- *Cosa potrebbe far fallire questa cosa?*
- *Perché questa azione è fallita?*
- *Chi/cosa ha fatto fallire questa iniziativa?*
- *Puoi essere certo che questa iniziativa non fallirà?*
- *Perché sei certo che questa iniziativa fallirà?*

La questione dell'**autonomia** (domande)

- *Cosa significa essere autonomi?*
- *Ritieni di essere autonomo nelle tue scelte?*
- *Pensi di essere autonomo nel tuo modo di vita?*
- *L'autonomia è un obiettivo da raggiungere?*
- *Cosa comporta il fatto di essere autonomi?*
- *Quali limiti ci sono alla nostra autonomia?*
- *Quali conseguenze ci sono in una scelta di autonomia?*

La questione dell'**indipendenza** (domande)

- *Che valore ha l'indipendenza per te?*
- *Perché hai deciso di voler essere indipendente?*
- *È possibile essere indipendente?*
- *Cosa devi fare per essere indipendente?*
- *Chi ti può aiutare a essere indipendente?*
- *Chi ti ostacola nella tua indipendenza?*

La questione della **dipendenza** (domande)

- *Da chi o da cosa ti senti dipendente?*
- *Cosa significa per te essere dipendente?*
- *Quali limitazioni comporta essere dipendente?*
- *La dipendenza ha dei vantaggi? Quali?*
- *La dipendenza è da evitare?*
- *In che misura questa dipendenza l'hai scelta e in che misura l'hai subita?*

La questione della **scelta** (domande)

- *Quali sono state le scelte fondamentali della tua vita?*
- *Quali scelte si sono rivelate sbagliate?*
- *Quale scelta è ora più opportuna?*
- *Come è possibile ora fare una scelta?*
- *Di fronte a queste scelte possibili, come comportarsi?*

- *Quali fra queste scelte è davvero possibile?*
- *Quale è la scelta migliore?*
- *Quale è la scelta peggiore?*
- *Perché scegli sempre in questo modo?*

La questione del **progetto** (domande)

- *Qual è il tuo progetto di vita?*
- *Hai provato a elaborare un progetto di vita?*
- *Quali sono le caratteristiche di questo progetto?*
- *Come pensi di poter realizzare questo progetto?*
- *Cosa/chi ti sarà d'aiuto in questo progetto?*
- *Cosa/chi ti sarà d'ostacolo in questo progetto?*
- *Quali conseguenze avrà questo progetto negli altri?*
- *È veramente realizzabile questo progetto?*

La questione della **libertà** (domande)

- *Ti senti libero in quello che fai?*
- *Cosa significa per te essere libero?*
- *Cosa bisogna fare per diventare liberi?*
- *Gli altri ti considerano una persona libera?*
- *Qual è il contrario dell'essere libero?*
- *Quali di queste tue azioni può essere considerata frutto di una condizione di libertà?*
- *Quali sono gli svantaggi di essere liberi?*

La questione dell'**apparire** e dell'**essere** (domande)

- *È più importante per te apparire o essere?*
- *Perché è importante apparire?*
- *Perché il tuo essere è più importante del tuo apparire?*
- *Agli altri interessa più il tuo modo di apparire o il tuo essere?*
- *Che differenza c'è tra il tuo apparire e il tuo essere?*

La questione dei **valori**, assoluti o relativi (domande)

- *Quali sono i tuoi valori di riferimento?*
- *Quali fra questi valori consideri più importante?*
- *Perché questo valore è così importante per te?*
- *Quando hai cominciato a riferirti a questo valore?*
- *È un valore assoluto o relativo?*
- *È un valore relativo a che cosa?*
- *Quali altri valori vi si oppongono?*
- *Ci sono dei valori che avevano senso per te in passato e ora non l'hanno più?*
- *Ci sono dei valori che sono emersi nel tempo?*
- *In questa situazione ti sei comportato in base a quale valore?*
- *Quale valore di riferimento emerge dalle tue scelte/dalle tue azioni?*

La questione dei **dilemmi morali** (domande)

- *Di fronte a questo dilemma, come scegliere?*
- *Quali sono le opzioni fondamentali di questo dilemma?*
- *Si può sciogliere questo dilemma?*
- *Quali valori sono in gioco in un caso e nell'altro?*
- *Quali valori voglio che siano di riferimento nell'affrontare questo dilemma?*

La questione di ciò che è **giusto** o **sbagliato** (domande)

- *È giusto quello che hai fatto?*
- *Perché sostieni che quello che hai fatto è giusto/ingiusto?*
- *In base a quale valore sostieni che questo è giusto?*
- *È giusto sostenere ciò che sostieni tu?*
- *È giusto fare ciò che fai?*
- *È giusta o sbagliata questa tua scelta?*

La questione del **bene** e del **male** (domande)

- *Quali di queste cose giudichi bene e quali male?*
- *Perché questo è bene e quello è male?*
- *Cosa distingue il bene dal male per te?*
- *In base a che cosa giudichi se una cosa è bene o male?*
- *Quando hai deciso che questa cosa era bene/male?*

La questione della **giustizia** e dell'**ingiustizia** (domande)

- *Ritieni di aver agito con giustizia?*
- *Ritieni di aver commesso un'ingiustizia agendo in quel modo?*
- *Quando hai capito che stavi commettendo un'ingiustizia?*
- *Come rimediare a un'ingiustizia commessa?*
- *Perché sostieni di aver subito un'ingiustizia?*
- *Rispetto a quale criterio ritieni di aver subito un'ingiustizia?*
- *Chi è stato causa di un'ingiustizia nei tuoi confronti?*

Si potrebbe continuare ancora a lungo, ma per il momento ci accontentiamo. È chiaro che il consulente filosofico che voglia presentarsi con competenza all'appuntamento dialogico deve aver elaborato dentro di sé il quadro di queste problematiche, deve cioè aver posto innanzi tutto a se stesso le domande relative; deve aver cercato in sé delle risposte, nel confronto con la tradizione filosofica e nella riflessione intorno alla propria esperienza.

L'interrogazione delle questioni che emergono progressivamente nel colloquio determina innanzi tutto un chiarimento linguistico, come vedremo subito, ma anche un cambiamento progressivo nel punto di vista intorno al tema di riflessione. Parlarne, porgli delle domande, sviluppare delle argomentazioni in proposito sono operazioni argomentative e razionali che impongono una visuale non immediata rispetto al tema. In molti casi determinano anche un vero e proprio cambiamento del punto di vista, che consente alla persona di chiarire il suo dubbio, o di dare un senso nuovo al suo riflettere.

4. La linguisticità delle questioni

Appare immediatamente che l'emersione dei temi è letta qui sotto la sua veste essenzialmente linguistica: i "temi" appaiono infatti come parole, si fissano e si interrogano attraverso la determinazione e l'interrogazione di parole; l'elenco delle questioni chiave è dunque prima di tutto un elenco di parole. È la mia esperienza, è ciò che io voglio testimoniare. Ma per capirci è bene mettere in scena una delle riflessioni più note e presenti nel lavoro dei consulenti filosofici, quella che Ran Lahav individua come la questione delle *visioni del mondo*.

> Il consulente contribuisce a rivelare ed esaminare i presupposti nascosti del consultante, a esaminare i valori e i concetti impliciti nel suo comportamento, e in generale a esporre la sua visione del mondo.[16]

Non c'è dubbio che questo paradigma delle visioni del mondo è uno di quelli più accettati e diffusi, e possiamo senza difficoltà affermare che esso è presente anche nel colloquio come lo vivo e lo intendo io. Tuttavia a Lahav sembra sfuggire proprio la fondamentale linguisticità di tutto questo processo. La visione del mondo non è semplicemente un repertorio di idee, valori, sentimenti, emozioni rispetto al mondo; è anche questo, ma non solo. Perché idee, valori, sentimenti, emozioni, diventano parte della nostra esperienza in quanto linguaggio. Quel che Lahav chiama dunque visione del mondo, io preferisco chiamarlo *vocabolario personale*, non per indicare qualcos'altro, ma per indicarlo in altro modo.

Nell'ambito del colloquio filosofico, dunque, assistiamo alla messa in scena dell'esperienza attraverso il discorso: ciò che ne deriva è, per lo più, la straordinaria incertezza della nostra vita, il disorientamento che ci mette nella condizione di perdere continuamente la strada. In questo quadro accade che attraverso l'interazione con un filosofo ci si difenda dal luogo comune della realtà, e si tenti di *pensare alcune parole* perché capaci di fissarsi e costituire un punto di riferimento. È chiaro che in tutto questo il ruolo del filosofo pratico non è semplice. Soprattutto perché egli deve avere ben compreso la sua condizione, che non è più quella di un distributore di cono-

---

[16] R. Lahav, *Oltre la filosofia*, Milano, Apogeo, 2010, p. 29.

scenze, né semplicemente quella del mediatore neutrale nel dialogo. Ma è quella di chi, provenendo dal dominio della tradizione filosofica, sa rinunciare all'*auctoritas* del riferimento ma sa al contempo mettere in evidenza la filosoficità dell'agire discorsivo nel quale è coinvolto. Il filosofo pratico deve avere ben chiara la necessità di un linguaggio adatto al con-filosofare, che sia un linguaggio non mercificato, depurato, quanto possibile, dai luoghi comuni, e al contempo non elitario, non circoscritto alla microlingua della filosofia. In questo senso egli deve essere capace di condurre l'ospite nel territorio di un linguaggio che trova e fissa in sé e da sé i propri valori e le proprie verità, ben consapevole che si tratta pur sempre di *verità locali* ma non per questo meno impegnative. Il suo campo di lavoro è il discorso entro cui viviamo.

Certamente la filosofia analitica ci ha posto l'esigenza di tornare al linguaggio quotidiano mettendone in luce la sua profondità e ricchezza, e cercando giustamente di prendere le distanze dalle parole usate in forma metafisica come nella tradizione filosofica occidentale. Tuttavia questo condivisibile desiderio di restare a una dimensione positiva, di concretezza e di immediatezza, la dimensione della vita stessa, che la pratica filosofica certamente condivide, non va però sottratta alla critica che già nell'ambito della Scuola di Francoforte si è posta, quella secondo cui l'atteggiamento rigorosamente analitico finirebbe per mettere sullo stesso piano termini assai diversi, come "libertà", "governo", "giustizia", con altri di uso comune, come "scopa", "ananas", "pipistrello" ecc., dimenticando che proprio in base al principio che ogni parola rappresenta un mondo vissuto non si dovrebbero però così facilmente confondere il mondo della vita domestica con quello della vita sociale. Non bisognerebbe cioè mai dimenticare che

il linguaggio non è nulla di privato e di personale, piuttosto il privato e il personale sono mediati dal materiale linguistico, che è materiale societario.[17]

Da questo punto di vista, allora, il colloquio filosofico è sempre un colloquio condotto nella materia del linguaggio comune, che si serve di esso senza alcuna pretesa di trasformarlo nel linguaggio tecnico della filosofia; ma al contempo, come vedremo meglio più avanti, nel colloquio filosofico si

[17] H. Marcuse, *L'uomo una dimensione*, Milano, Mondadori, 2008, p. 618.

costruisce una lingua ibrida, che attribuisce valore speciale a certi termini comuni o che introduce certi termini speciali riportandoli alla loro natura comune, cioè rilevando l'origine societaria delle parole, e del linguaggio, e proprio attraverso questo canale si sposta il discorso dal privato intimistico alla condizione comune. Ciò però non significa che resti del tutto estranea alla dimensione del colloquio filosofico la fondamentale questione del trattamento delle emozioni. Vediamo di chiarire.

5. La questione delle emozioni

È certo che la dimensione delle emozione è, per definizione, terreno di lavoro delle pratiche psicoterapeutiche, le quali hanno sviluppato una attenzione specifica, una sensibilità adatta, degli strumenti efficaci per confrontarsi con questo mondo. Tuttavia credo che entro certi limiti (e dirò poi quali) non si tratti di un terreno del tutto estraneo alla pratica del filosofo consulente.

A partire dalla prospettiva che ho cominciato a delineare, dunque, la consulenza filosofica sembra collocarsi sulla scia delle riflessioni ampiamente argomentate e approfondite da Marta Nussbaum, secondo le quali *le emozioni sono forme di pensiero valutativo*.[18] Leggiamo le sue parole:

> Le emozioni implicano giudizi su cose importanti, giudizi nei quali, nel considerare un oggetto esterno importante per il nostro benessere, riconosciamo di "essere bisognosi" e la nostra incompletezza riguardo a cose del mondo che non controlliamo pienamente.[19]

Le emozioni dunque, nel momento in cui si presentano, non sono affatto quell'istintiva immediatezza che saremmo propensi a credere, ma emergono proprio perché consideriamo importanti certi elementi piuttosto che altri, perché stabiliamo delle graduatorie d'importanza fra gli oggetti, i fatti, gli elementi del mondo circostante, una graduatoria che si pone in funzione del nostro progetto o aspettativa di benessere. È a partire da un complesso sistema di valutazioni dunque che l'emozione si rende possibile.

---

[18] Cfr. M. Nussbaum, *L'intelligenza delle emozioni*, Bologna, Il Mulino, 2004; si veda anche N. Pollastri, "Razionalità del sentimento e affettività della ragione. Appunti sulle condizioni di possibilità della consulenza filosofica", in *Discipline Filosofiche*, a. XV, n.1, 2005, pp. 79-112.
[19] M Nussbaum, *L'intelligenza delle emozioni*, cit., p. 37.

> Le emozioni sono forme di giudizio valutativo che attribuiscono a certe cose e persone non controllabili dall'agente una grande importanza per la sua prosperità. Le emozioni sono quindi, in realtà, riconoscimenti di bisogno, di assenza di autosufficienza.[20]

In base a queste argomentazioni dobbiamo dunque liberarci dell'idea tradizionale secondo cui le emozioni scaturirebbero dalla parte "animale" e sostanzialmente incontrollabile della nostra natura. Vi sono infatti emozioni non realizzabili dagli animali perché non possiedono la forma di pensiero che le fonda (si pensi al senso di colpa, o all'amore romantico, o alla compassione). Così come è facile notare la variabilità sia nello spazio che nel tempo della maggior parte delle emozioni umane, delle quali è sempre possibile presentare una storia. D'altra parte è altrettanto sotto gli occhi di tutti la dimensione di costruzione sociale di alcune emozioni come il razzismo, la paura, il sentimento di pericolo ecc. A riprova del fatto che al mutare delle condizioni intellettuali, e soprattutto delle condizioni che incidono sulla valutazione dei fatti del mondo e della loro incidenza per il nostro benessere, muta anche la nostra sensibilità e il nostro modo di esprimere le emozioni. Diverso, solo per fare un esempio, è il nostro modo di avere paura e quello dell'uomo antico, così come diverso è il modo di avere paura del bambino e quello dell'uomo adulto.

Ragionando un istante proprio sul tema della paura, proviamo a ipotizzare di quali componenti valutative esso si possa nutrire; il meccanismo può essere così riassunto:

- vediamo noi stessi minacciati;
- crediamo che incombano eventi negativi;
- che tali eventi siano seri e non banali;
- che noi non siamo in grado di evitarli.

Un altro esempio si può fare con l'emozione della rabbia:

- credo che qualcuno (o io) abbia subito un danno;
- che il danno sia significativo e non banale;

---

[20] Ivi, p. 40.

- che qualcuno ne sia responsabile;
- che sia stato causato volontariamente;
- ritengo che la persona investita sia importante.

Ancora, possiamo riflettere sull'esempio della compassione, il cui percorso valutativo è il seguente:

- valuto che la sofferenza sia seria;
- giudico che la persona non meriti la sofferenza;
- ho una certa concezione dell'umano prosperare e delle normali difficoltà della vita;
- devo considerare che quella sofferenza abbia un effetto sul complesso di scopi dell'altra persona, e dunque riconosco una analoga vulnerabilità in me.

Paura, rabbia, compassione appaiono così tutt'altro che fenomeni istintivi, quanto piuttosto processi nei quali ha un ruolo determinante la nostra capacità valutativa, cioè razionale.

Le emozioni sono in linea di massima legami a cose che consideriamo importanti per il nostro benessere, ma che non controlliamo pienamente. In questo senso le emozioni vedono il mondo

dal punto di vista del mio personale complesso di scopi e progetti, tutto ciò a cui attribuisco valore entro la concezione di quel che è per me vivere bene.[21]

D'altra parte l'uomo è un animale etico e sociopolitico, e dunque le sue emozioni fanno inevitabilmente parte della risposta a domande come "Di cosa vale la pena curarsi?" e "Come dovrei vivere?".

Insomma è chiaro che in questo modo emerge nuovamente quello che può essere considerato il principio che dà conto dell'esistenza stessa della consulenza filosofica, e che Neri Pollastri così riassume:

[21] Ivi, p. 71. Nussbaum, che è prima di tutto acutissima studiosa del pensiero antico, riassume la sua tesi dicendo che le emozioni sono "eudemonistiche", cioè concernenti il prosperare della persona. Cfr. ivi, pp.51-52.

un agire linguistico-concettuale, che analizza, chiarifica, destruttura e ristruttura il sistema di conoscenza con le quali interpretiamo il mondo, la cui modifica-zione appunto influenza "il modo in cui sperimentiamo le nostre emozioni".[22]

Certo, per concludere, il limite d'intervento del filosofo consulente rispetto alle emozioni è racchiuso nel fatto che egli non tratta con esse, non se ne serve per il suo percorso, non le rende protagoniste, ma è costretto inesora-bilmente a superarle, a esorcizzarle attraverso il discorso argomentativo. Così, in un colloquio filosofico, non si può pensare di fare emergere emo-zioni, di incanalarle, di indirizzarle, di usarle per il percorso di sviluppo della persona, ma è certo possibile tradurle nelle componenti razionali argo-mentative da cui esse emergono e con quelle fare i conti, come si fanno i conti con tutte le altre argomentazioni dell'ospite.

6. La ricerca del senso

All'interno del colloquio, il filosofo sottolinea, propone, ferma il discorso dell'altro, lo chiama alla riflessione, lo chiama a esaminare le questioni che emergono, che in questo modo si solidificano, non scorrono via, e si lasciano osservare da ogni lato, si lasciano interrogare. Talvolta basta semplicemente chiedere il significato d'esperienza di quella tal parola ("cosa significa *per te* libertà?") per dare il via a un percorso di scambio (per te, per me, per gli altri) che allarga il valore di un termine dall'esperienza limitata del singolo alle possibilità che esso contiene; in questo modo il dialogo sonda ulteriori accezioni, altre possibili intenzioni, altri possibili valori. E toglie di mezzo quel che ostacola il libero corso del pensiero. Ecco: forse si può dire che nella consulenza filosofica si lavora in primo luogo sottraendo, cioè ripulendo le proprie visioni del mondo, sgombrando il campo dai luoghi comuni, dalle certezze non meditate, dalle acquisizioni prive di valore, dalle incrostazioni dei nostri rapporti incerti, dalle nostre presunzioni, dai nostri calcoli errati. Togliere: dunque levare dal discorso tutto quello che è fuori misura, o sottomisura, quel che ci rende difficile elaborare un ragionevole progetto di vita, o ci impedisce di affrontare una scelta, o ci ostacola nei nostri rapporti

---

[22] N. Pollastri, "Razionalità del sentimento e affettività della ragione. Appunti sulle condizioni di possibilità della consulenza filosofica", cit., p. 103.

familiari o professionali. Fare pulizia di tanti inutili orpelli, difese malcelate, presunzioni che prima o poi ci si rivoltano contro. Ma poi, oltre questa fase della ripulitura del campo, la consulenza filosofica può (perché restiamo nel dominio della vita e quindi del contingente, del possibile) operare anche costruttivamente, creando nuove condizioni, aprendo nuove possibilità, delineando nuovi scenari. Ma senza cadere in un pericoloso equivoco.

È oramai infatti un luogo comune pensare alla consulenza filosofica come a una pratica che tenta di restituire *il senso* laddove esso appare sottratto e perduto. E certamente questa diffusa convinzione esprime una valutazione autentica e del tutto condivisibile. È evidente, infatti, che da un lato effettivamente sperimentiamo nella vita quotidiana il venir meno di molte ragioni, l'apparire di una assurdità nelle cose, nelle relazioni, nelle nostre azioni che ci sgomenta; facciamo costantemente prova della nostra incapacità di spiegare gli eventi e quindi di inserirci in essi con un minimo sufficiente di progettualità, che non sia soltanto un calcolo di opportunità e di convenienza spicciola. Di qui nasce il bisogno urgente di ritrovare appunto *il senso delle cose*, dei fatti, di ciò che accade. E questo è il primo lato della questione. L'altro è altrettanto evidente (nel senso che ne facciamo esperienza): come dalla consulenza filosofica si esca con qualche arma in più, con qualche chiarezza, almeno momentanea, cioè con la sensazione di aver ritrovato un briciolo di quel senso perduto. O forse, almeno, con la sensazione di aver recuperato una certa *padronanza* del senso, perché forse proprio quella mancava, proprio quella era venuta meno, proprio di quella si pensava di aver bisogno in quanto soggetti che costituiscono se stessi.

In realtà la padronanza del senso è soltanto una illusione del soggetto che attraverso di essa vorrebbe fondare la propria potenza, assicurare la propria volontà di dominio sulle cose e sul mondo. Essa rappresenta soltanto un aspetto della infinita presunzione che caratterizza una certa idea della soggettività. Idea che ha una storia, ma che certamente è giunta alla sua conclusione nelle tentazioni apocalittiche del ventesimo secolo. Non possiamo pensare che nella consulenza filosofica si realizzi ancora questa tentazione di potenza, questa illusione di padronanza che sarebbe puro inganno, realizzazione profondamente inautentica e autodistruttiva della soggettività. Ma non possiamo fare a meno di giustificare quella sensazione di essere venuti a patti col senso che la consulenza filosofica ci offre sempre, anche quando nulla fa per *dare senso*.

Evidentemente nella consulenza filosofica accade qualcosa che dobbiamo cercare di comprendere, di illuminare, se vogliamo chiarirci le idee intorno a questo fenomeno. Che è il fenomeno dell'apparizione del senso come tale, ovvero di quel campo all'interno del quale si possono produrre e possono circolare dei significati. S'intenda: questa dimensione non è un luogo specifico né una condizione particolare, ma piuttosto, per usare termini heideggeriani, l'uomo stesso in quanto *con*, in quanto *mit-Dasein* (*con-esserci*).[23] Ciò vale, innanzi tutto, a smentire le pretese del soggetto singolo rispetto alla sua agognata padronanza del mondo: il singolo, l'individualità assoluta non realizza mai da sé solo la dimensione del senso, che è sempre invece nel *con*, è condivisione, è spartizione, è circolazione dall'uno all'altro. Persino quando si realizza nel chiuso della meditazione solitaria in realtà essa accade nel rimbalzo che dentro di noi siamo capaci di realizzare tra la pluralità delle voci che ci compongono. Il senso dunque, non è un attributo da cercare, e da sovrapporre a un evento nudo, come l'abito di cui avrebbe bisogno per essere fatto proprio dal soggetto. E non è un luogo cui pervenire, un ambiente intermedio, un'altra natura, un'altra essenza. Esso va piuttosto inteso come una apertura, una soglia, che si schiude continuamente, ripetizione dell'origine del mondo che noi stessi siamo, *l'uno con l'altro*.

Qui si può comprendere allora quanto accade nel colloquio di consulenza filosofica. Esso condivide con ogni altra forma del colloquio questo movimento dell'origine, cioè questa disposizione del senso nella costituzione della pluralità, del *con*, del *noi*. Nel momento in cui ci si dispone insieme al colloquio si dà origine al mondo e si apre questa dimensione del senso, la cui naturale condizione è quella di essere comunicazione. Il colloquio di consulenza filosofica replica artificiosamente questa condizione di origine nella quale siamo costantemente, come se potessimo trovarci altrove, come se essa potesse essere fatta tacere e annullata. Ma, replicandola, la espone, la sottolinea, la mette in rilievo: tra noi, dal nostro discorso comune, dal nostro essere-*con*, dal nostro *noi*, sorgerà una dimensione di senso entro la quale il gioco dei significati verrà interamente giocato.

---

[23] Cfr. M. Heidegger, *Essere e tempo*, Torino, Utet, 1978.

Fino a questo punto, però, quel che accade nella consulenza filosofica non si distingue sufficientemente da quanto accade nel colloquio spirituale col sacerdote o nel colloquio psicoterapeutico. Anzi, la dinamica che ho descritto rappresenta piuttosto il presupposto comune di queste diverse forme del colloquio, e di ogni colloquio in generale. Quel che di unico accade nel colloquio filosofico non è in fondo altro da quel che già Platone nel *Teeteto* esprimeva come qualcosa di *vertiginoso*, "l'esser pieno di meraviglia: il principio della filosofia non è altro che questo" (155d). La filosofia nasce da questa sorpresa di fronte al mondo che si traduce in domanda. Essa è, ora come allora, cioè sempre, un atto di meraviglia che si rinnova. Mentre le altre forme del colloquio tentano di *dare una risposta*, il colloquio filosofico ripete invece non soltanto l'apertura del senso, vale a dire la scena del *con* e insieme quella della *finitezza* del singolo, ma *anche il gesto della meraviglia* che non vuole essere cancellata da un sapere assoluto che non è umano (e non appartiene al regno umano della finitezza), e non può restare la muta sorpresa dell'idiota. Ma sempre domanda, perché non finisce mai di meravigliare. La filosofia nasce dalla meraviglia e la conserva intatta perché essa è sempre la ripetizione di questa origine.

In questo senso la consulenza filosofica non fa altro che ripetere il gesto d'origine della filosofia: essa è filosofia che rinasce continuamente perché continuamente deve replicare il gesto della meraviglia e dunque l'atto del domandare. Allora, l'originalità della consulenza filosofica, e ciò che la distingue dalle altre forme del colloquio, è proprio la sua apparente immobilità: essa sembra infatti non andare da nessuna parte, non riuscire a muoversi davanti ai fenomeni che può solo interrogare ma, in realtà, rifiuta di fermarsi sul confine della risposta che chiude il campo e impedisce di andare oltre. Il colloquio filosofico, con il suo domandare insistito, invece, apre: apre lo spazio del possibile, apre la realtà del mondo. È vero: il colloquio filosofico non può che ripetere ostinatamente sempre lo stesso gesto, che però non è un gesto qualsiasi e soprattutto non è un gesto vuoto, ma al contrario il gesto più ricco di tutti, quello che dopo aver instaurato la scena del senso, la percorre attraverso l'interrogazione che spalanca il mondo nella sua possibilità.

7. Gli assi di ricerca

Torno alla descrizione dei momenti decisivi del colloquio filosofico. Abbiamo visto che il movimento iniziale è quello che porta dal raccontare biografico alla emersione dei temi; prima di passare però al momento successivo, quello della messa sotto esame dei temi, voglio provare a riassumere, provvisoriamente e senza pretesa di completezza, alcuni dei molti percorsi che il colloquio filosofico può prendere una volta iniziato. Si tratta cioè di indicare alcuni degli assi della ricerca che si realizzano nella consulenza filosofica, oppure, per usare metafore, alcuni dei sentieri che il percorso del colloquio può variamente percorrere, senza obbligo di percorrerli tutti, senza necessità di seguire un ordine definito, senza alcun intento strategico: non si sa esattamente dove si andrà a finire, si percorre una territorio per orientarsi, per guardarsi intorno. E, naturalmente, altri potrebbero indicarne di diversi, in funzione di ciò che l'esperienza pratica può suggerire.

7.1 Primo asse di ricerca: il problema

Quasi sempre il movente della consulenza è un problema abbastanza preciso che fa scoppiare una situazione, che porta al limite una condizione. Il problema in sé, nello sviluppo della consulenza, finisce assai presto per essere messo in ombra, perché la consulenza, come si è già detto, non ha finalità strategiche e non è volta quindi al *problem solving*. Ciò che l'ospite propone come evento di partenza, come questione da risolvere, vale solo come indicazione di massima, o come sfondo sul quale collocare il percorso che viene avviato e che non è tenuto a concentrarsi esclusivamente su quel problema; ciò che entra in consulenza è sempre la persona, nella sua totalità. È importante, in questo senso, non cadere nel modello organicistico della medicina, che anche al di là di ogni intenzione terapeutica può riaffiorare quando si scegliesse di concentrarsi sul problema in questione come fosse qualcosa di risolvibile ignorando tutto il resto della persona, come se un singolo gesto, una singola azione, una singola decisione, una singola scelta potessero essere strappate dal contesto umano e sociale in cui si sono realizzate e comprese in sé, in forma astratta e isolata. No, questo non è possibile.

7.2 Secondo asse di ricerca: le linee dell'identità

È l'asse che muove dalla narrazione biografica, della quale ho già detto, e che si serve di essa per rilevare le questioni chiave e mettere in evidenza le formazioni specifiche dell'individuo, i suoi assetti emotivi e interpretativi, le pratiche ermeneutiche che lo caratterizzano, le modalità di approccio all'altro ecc. L'identità emerge dalla complessità, non è un profilo semplice che possa essere riassunto in una catalogazione o collocato in una tassonomia, perché è mutevole, variabile, continuamente ridescrivibile, continuamente riadattabile, continuamente revisionabile. Il colloquio filosofico può assumere come prevalente un'andatura che porti appunto a metter in luce i segni distintivi di una identità, per esempio indagando i ruoli che la caratterizzano, le scelte che l'hanno fondata, le relazioni che la sostengono, le prospettive che la caratterizzano ecc.

7.3 Terzo asse di ricerca: la struttura delle relazioni

Il colloquio filosofico non può non cercare di far emergere la struttura articolata delle relazioni che costituiscono l'identità dell'ospite, ed è anzi questo uno dei percorsi più accidentati perché le relazioni sono molte (parentali, di coppia, di amicizia, di colleganza, di vicinanza ecc.) e ognuna ha la sua natura e il suo valore, in ognuna è custodita una parte dell'identità del nostro ospite, e nella maggior parte dei casi la "soluzione" del problema proposta dall'ospite comporta una revisione anche profonda della rete di rapporti in cui la sua esistenza si colloca. Il filosofo consulente non sa in anticipo quali relazioni siano davvero essenziali, quali siano profondamente coinvolte nella situazione narrata, e dunque deve ampliare il più possibile la scena chiamando in gioco molte forme e molti aspetti delle relazioni esistenziali.

7.4 Quarto asse di ricerca: l'immagine del mondo

Intendo alludere con questa espressione all'intero sistema di desideri, di credenze e di valori che compone la personalità dell'ospite. Non è un lavoro facile perché far emergere desideri, credenze e valori significa mettere mano alla struttura vera e propria delle scelte e delle decisioni dell'ospite, passate e presenti, e magari anche future. Cioè mettere in discussione la sua intera vita. Come si è detto in altro punto, questo percorso di ricerca di fatto si configura come l'esplicitazione del vocabolario personale dell'ospite.

7.5 Quinto asse di ricerca: la costellazione delle idee

È possibile, e certamente molto utile, procedere per aggiunta progressiva di concetti, in modo da costituire un'ampia costellazione di idee, la cui disarticolazione apparente è, in realtà, tenuta fortemente unita dall'unicità della persona cui si riferiscono, la quale nella sua unità è comunque una pluralità, di idee, appunto, di credenze, di desideri, di possibilità ecc. Il gioco delle idee è uno delle situazioni più importanti che si realizzano nel colloquio: l'interrogazione chiama in causa i concetti, li fa interagire, li fa muovere gli uni verso gli altri, costituisce trame di relazioni, definisce aree semantiche ben precise, fa giocare le idee fra loro.

7.6 Sesto asse di ricerca: il bilancio

Può capitare, talvolta, per esempio con persone meno giovani, che si renda necessario perseguire un lavoro di messa in opera del bilancio complessivo di una esistenza; è un lavoro che si confonde e si completa con quello autobiografico, ma non si esaurisce in esso, perché il bilancio è anche lavoro su valori acquisiti, abbandonati, revisionati, è lavoro su obiettivi raggiunti, persi di vista, riproposti, ridotti, ampliati ecc., è lavoro su ciò che si è guadagnato e su ciò che si è perso. È lavoro su ciò che si è in quanto frutto di ciò che si è stato.

7.7 Settimo asse di ricerca: la costituzione del progetto

L'espressione appartiene al mio lessico filosofico, e quindi dovrà essere adeguatamente spiegata in seguito. Basti per ora osservare che uno degli assi della ricerca dentro il colloquio filosofico è, a mio giudizio e in base alla mia esperienza, quello relativo alla costituzione del progetto di vita, termine con cui bisogna intendere, ancora una volta, una articolazione assai complessa, che comprende tutto il sistema delle possibilità e delle speranze dell'individuo, insieme con gli obiettivi di fronte ai quali egli si pone e verso i quali si dispone, consapevole che essi sono sempre provvisori e soggetti a rivalutazione continua.

Sarà chiaro che questi assi tendono spesso a intrecciarsi e a costituirsi reciprocamente, il colloquio non è una linea retta, ma un arabesco molto complesso; tuttavia non è solo la riflessione a posteriori del consulente che deve essere in grado di rilevare in esso le tracce di queste linee direttrici, senza le quali il colloquio rischia di girare a vuoto. All'interno del colloquio stesso, infatti, è opportuno a mio avviso che, come preciserò meglio poco oltre, il consulente provi sempre a *esplicitare* ciò che fa. Nel corso del colloquio egli metterà frequentemente in luce (facendo quindi un piccolo passo indietro rispetto al discorso che si sta realizzando) il tratto di strada che si sta compiendo (*Stiamo percorrendo un tratto autobiografico; Proviamo ora a mettere in luce il progetto di vita che è in gioco nella tua esistenza; Ora stiamo esaminando il profilo dei tuoi valori di riferimento; Proviamo ad allargare il campo del discorso sul tema che mi hai proposto ecc.*). In questo modo la complessità della trama del colloquio può essere continuamente ricondotta a una situazione di confidenza e di orientamento. Grave è se ci si sente perduti dentro il colloquio.

Infine un'importante osservazione di metodo: qui, come in ogni altra parte di questo Manuale, non si intende proporre formule chiuse e definitive, ma ipotesi di lavoro integrabili e adattabili. Gli assi che ho ora indicato non sono certo tutti quelli possibile in una consulenza filosofica: sono piuttosto quelli con i quali ho avuto personalmente modo di confrontarmi nella mia esperienza. Nulla esclude ad esempio che si possa seguire in un determinato colloquio un asse di ricerca "estetica" volta a percorrere le linee di una possibile *bella* esistenza, che si cerchino dunque i motivi e le argomentazioni che possono giustificare e rendere percorribile un'ipotesi di esistenza centrata su valori estetici; oppure che si percorra in un altro determinato colloquio un percorso di natura prettamente "analitica", fermandone lo sviluppo all'elemento di decifrazione e comprensione di alcuni termini. Personalmente mi sembrerebbero percorsi limitati, parziali, e quindi piuttosto inadeguati, ma nulla esclude che risultino sufficienti all'ospite e alle sue esigenze.

8. La messa in questione

I diversi percorsi del colloquio, oltre a costruire una descrizione dell'ospite possibilmente adeguata o più adeguata di quella di partenza, fanno emergere certi termini chiave, certe questioni che devono essere evidenziate con l'ausilio decisivo del filosofo e quindi adeguatamente interrogate. È questa l'operazione fondamentale del colloquio filosofico, ed è anche uno dei più evidenti motivi di distinzione dalle pratiche di *counseling*. Per semplificare il discorso è sufficiente contrapporre la *messa in questione* alla riformulazione.

Tecnicamente la riformulazione, o "risposta a specchio" nei termini di Rogers, universalmente considerata la tecnica base del colloquio di *counseling*, "consiste nel ridire con altre parole, in modo più conciso o più chiaro, ciò che l'altro ha appena detto, ricercando l'accordo da parte del soggetto".[24] Nella pratica assume varie forme: dalla ripetizione a eco alla ripetizione parziale, alla parafrasi, alla sintesi riassuntiva. In ogni caso la riformulazione non aggiunge nulla, al massimo introduce un fattore di ordine e di chiarezza nelle parole dell'ospite, e serve a garantire il processo empatico in corso poiché viene intesa come una richiesta di conferma (*ho capito bene? È proprio così?*). Paradossalmente, non è importante, nel colloquio di *counseling*, che la riformulazione colga effettivamente la profondità di ciò che il cliente ha detto: è sufficiente invece come funzione di conferma e rafforzamento della relazione dialogica. È chiaro che la riformulazione si colloca su un versante assai diverso rispetto a ogni interpretazione di natura simbolica, più tipica del colloquio psicoanalitico, secondo il quale il soggetto non è mai immediatamente al corrente della vera natura del suo problema. La risposta a specchio presuppone piuttosto che il cliente sia la persona più informata sulla propria situazione.

Nel colloquio filosofico la tecnica discorsiva dominante è invece quella della *messa in questione*, anche se, in certi casi, può essere utile un uso occasionale della riformulazione, quando si tratti di dare fiato, di incoraggiare, di aiutare l'ospite nel suo lavoro di narrazione. Ma si tratta sempre e soltanto di occasioni. Perché il colloquio filosofico non può accontentarsi

---

[24] V. Calvi, *Il colloquio di counseling*, cit., p. 115; si riferisce a R. Mucchielli, *Apprendere il counseling. Manuale di autoformazione al colloquio di aiuto*, Trento Erickson, 1987.

di chiarire le parole dell'altro: in esso è necessario che siano presenti anche le parole del filosofo consulente, e che in qualche modo reagiscano con quelle dell'ospite, dando vita appunto al colloquio condiviso.

Vale la pena, di passaggio, rilevare la sostanza filosofica del gesto della messa in questione, che dunque non va in alcun modo inteso come una semplice formulazione retorica, perché in essa si annida piuttosto la natura stessa del discorso filosofico come tale. Del suo nascere cioè da una facoltà umana, ovvero dalla *riflessione critica*. La riflessione critica è la sola facoltà umana che non è destinata a cadere nella trappola del regresso infinito, cioè della posizione di fondamenti ultimi destinati a essere successivamente superati da altri fondamenti ultimi, non meno temporanei. Perché la riflessione critica

> è un'attività umana che, analogamente alla vita stessa, non ha fondamento ma nemmeno ne ha bisogno, per cui non avverte la necessità di giustificarsi, e tanto meno di difendersi, quando le vengono poste domande sulla sua utilità o finalità, domande come: "Con che autorità?", "A che scopo?" o "In nome di che?".[25]

La riflessione critica, o la messa in questione secondo la terminologia usata qui, basta a se stessa, è parte del nostro modo umano di essere umani: la filosofia non la inventa ma ne esalta l'apporto e ne fa uno strumento essenziale del nostro rapporto con il mondo e con noi stessi, senza che questo gesto abbia una finalità precisa, senza che esso necessiti né di un fondamento né di uno scopo ultimo, è di per sé un percorso vitale, un modo di essere nella vita.

> La riflessione critica è guidata dal bisogno di investigare a fondo la validità *de jure* delle istituzioni e dei significati umani, ma così come manca di fondamenti diversi dalla propria spinta autonoma, è anche priva di un punto di arrivo. Non è decisa in anticipo (rifiuta di esserlo) in base a qualche piano prestabilito o *telos* predefinito. Costruisce e distrugge i propri fondamenti e i propri obiettivi via via che procede.[26]

---

[25] Z. Bauman, *La solitudine del cittadino globale*, Milano, Feltrinelli, 2008, pp. 88-89.
[26] Ivi, p. 89.

E questo in effetti è il lavoro stesso del dialogo filosofico: un percorso in cui si mette in questione la validità delle nostre scelte e dei nostri atti, e la congruenza tra essi e il sistema di credenze e di valori che costituisce la nostra visione del mondo, senza che il percorso si concluda mai di fronte a un muro solido e invalicabile di essenze vere, di verità definitive, di valori eterni: l'interrogazione critica non ha timor reverenziale nei confronti di nulla, rispetta ogni passaggio umano, ogni scelta, ogni valore, ma non tollera che si frapponga un divieto al suo operare.

L'operazione della messa in questione è parte fondamentale, dunque, della consulenza filosofica e si articola, secondo la mia esperienza, attraverso differenti attività che di volta in volta il filosofo consulente deve saper gestire in funzione della specifica originalità del suo ospite e della situazione colloquiale che si viene a creare. Ma essa si articola in molteplici applicazioni. Provo appunto a elencare alcuni elementi di prassi relativi alla mia esperienza.

8.1 Ripulire

Nel momento in cui emerge un tema chiave, la primissima cosa che normalmente si fa è quella di operare un minimo di pulizia: si tratta di una operazione banale, che talvolta ha il solo aspetto della chiarificazione del termine o della selezione del termine più adatto o, in altri casi, di una revisione del modello logico-argomentativo che è stato utilizzato dall'ospite. Già Platone aveva ben chiara la necessità per il dialogo di realizzare una forma di purificazione, anche se riteneva che lo strumento adatto a questa operazione fosse la confutazione dialettica. Secondo Platone, infatti, la confutazione potrebbe determinare la più grande delle purificazioni perché, così come il medico ritiene per il corpo che esso debba espellere gli impedimenti interiori prima di potersi giovare del cibo offertogli, così allo stesso modo l'anima non potrà trarre giovamento dalle nozioni offertale

> prima che qualcuno, esercitando la confutazione, porti il confutato a vergognarsi, ed espulse le opinioni che erano di ostacolo all'apprendimento, lo faccia apparire puro, e tale da ritenere di sapere solo quello che sa, e non di più.[27]

---

[27] Platone, *Sofista*, in Tutti gli scritti, cit., 230 d-e.

Ho già precisato che il colloquio filosofico non si serve della confutazione dialettica come del proprio strumento esclusivo, ma realizza un mix piuttosto complicato di narrazione biografica e di argomentazione logica. Ma fatta salva questa precisazione di metodo, l'atteggiamento del filosofo consulente non è diverso da quello indicato da Platone. Bisogna fare pulizia nel discorso che ci viene proposto, e la competenza del filosofo qui è opportuna per rivelare le trappole, le incertezze, le approssimazioni che si presentano via via nel dialogo.

8.2 Interrogare

Una volta apparsi i temi, nel corso del colloquio essi vengono dunque messi in questione. Mettere in questione, qui, significa molte cose; innanzi tutto, come si è detto più volte, significa interrogare, ma l'interrogazione è un gesto che può avere molte sfumature diverse e finalità differenti. In linea generale l'interrogazione filosofica non è mai la semplice ricerca di una risposta, non si tratta, secondo un tipico atteggiamento scientifico, di cercare la soluzione di un problema, non si domanda solo per sapere e così chiudere una questione. L'interrogazione filosofica è piuttosto una apertura continua per cui

> ciò che appariva sistemato secondo riconosciuti principi d'ordine diventa, per larga misura, incerto e problematico, degno di ulteriori domande. Noi certamente parliamo, ma che cosa è il linguaggio? Noi siamo chiamati a scelte politiche, ma esiste un bene politico, e come si può trovarlo? Siamo circondati da conoscenze, ma quali sono le procedure e, più a fondo, qual è il senso della conoscenza? Talora siamo chiamati a dire sì o no a un problema mortale, ma come è possibile farsi un'idea più chiara che non sia quella comunemente nota prima di decidere?[28]

Sono solo alcuni esempi delle infinite aperture che il domandare filosofico può produrre.

Il gesto del domandare va distinto in primo luogo dall'analogo gesto che compiamo quotidianamente: c'è un domandare immediato, quello che facciamo tutti in molte occasioni della nostra esistenza, per sapere qualcosa,

---

[28] F. Papi. *Capire la filosofia*, Como-Pavia, Ibis, 1993, pp. 104-105.

per capire qualcosa. È il gesto istintivo che ci fa pensare a una condizione filosofica naturale, ma in realtà è il domandare della conversazione quotidiana, non quello della consulenza filosofica. Ma filosofico è il secondo livello: quando so di domandare, quando ho consapevolezza del gesto che sto compiendo, quando domandare non è solo il mezzo neutrale della comunicazione ma l'azione che mi mette in gioco. *L'azione libera ma consapevole di questo gioco.* Dal punto di vista di un Manuale, allora, è possibile indicare un rapido quadro delle distinzioni che normalmente vengono fatte nell'ambito del *counseling* relativamente alla diverse forme di domanda utilizzabili in un colloquio, e che possiamo riassumere così:

- domande aperte, di approfondimento generale;
- domande semi-aperte (cioè aperte ma circoscritte), introdotte da *Chi? Dove? Quando? Perchè?* Particolarmente importante nel colloquio filosofico appare la domanda *Perché?* dal momento che essa introduce la discussione delle ragioni;
- domande chiuse: quelle alle quali si può rispondere solo con un sì o con un no, e comunque con una risposta determinata; per loro natura tendono a chiudere il colloquio o a guidarlo nella direzione voluta dall'interrogante, sono quindi da evitare e da trasformare, quando possibile, in domande aperte;
- domande interlocutorie: costruite in modo da essere sia chiuse che aperte, si può rispondere come se si trattasse di una domanda chiusa, oppure di una domanda aperta. Esempio: *Vorrebbe parlarmi di questo fatto?* Oppure: *Può precisare meglio il suo rapporto con questa persona?*
- domande indirette o implicite: *mi chiedo/mi domando, deve essere/deve sentirsi* o simili;
- domande proiettive: esame delle possibilità: *se dovesse esprimere un auspicio, se potesse cambiare qualcosa di questa situazione, cosa accadrebbe se ora lei facesse un passo indietro*, ecc.[29]

Da un'altra prospettiva possiamo distinguere:

---

[29] Cfr. V. Calvo, *Il colloquio di counseling*, cit. pp. 155-163.

- domande *descrittive*, cioè che richiedono risposte panoramiche, di ampia ricostruzione dei fatti e delle ragioni;
- domande *strutturali*, che puntano alla organizzazione delle conoscenze e delle attività;
- domande *comparative*, che richiedono la costituzione di gerarchie e posizioni di valori.

Tuttavia non appare particolarmente utile soffermarsi su queste diverse modalità se non in funzione della messa in questione del tema che stiamo cercando di esporre. Allora ciò che davvero emerge come essenziale è che il domandare deve essere inteso come un momento in cui si lavora sui significati, soprattutto in funzione della propria esperienza individuale: *Cosa significa libertà per te*? Non interessano dunque le domande metafisiche (*Cos'è la libertà? in assoluto*, cioè la "giusta" definizione) ma le domande di significato, che non sono domande di vocabolario assoluto cioè metafisico, ma nemmeno di lessico (o dizionario), ma domande nelle quali *ne va di me*, cioè domande attraverso cui ci si mette in gioco (ovvero si entra nel dominio di quella che io chiamo "implicazione"). Ciò che si chiede è una risposta per l'esistenza, cioè che contenga in sé tanto la necessità di fare i conti con l'esperienza, quanto e soprattutto quella di andare oltre, cioè una spinta oltre la immediatezza del dato, una spinta verso una dimensione ulteriore che è la dimensione del progetto di vita.

Qui appare chiaramente la distanza del domandare del consulente filosofico dal modello socratico della "confutazione". Platone infatti riassume così l'essenza del dialogo: "confuta e lasciati confutare, in parte interrogando e in parte accentando di essere interrogato".[30] Se è evidentemente condivisibile l'idea dell'interrogare e lasciarsi interrogare, cioè del domandare reciproco che spazza ogni ipotesi di domandare specialistico unidirezionale, non è altrettanto condivisibile l'idea della confutazione come forma privilegiata del dialogo stesso. Il consulente filosofico non si trova necessariamente a dover confutare: egli lavora spesso aggiungendo, arricchendo l'argomentazione, oppure mostrando la possibilità di uno spostamento rispetto all'affermazione dell'altro: integrazioni, spostamento, ridefinizioni, apertura di altre possibi-

---

[30] Platone, *Gorgia*, in Tutti gli scritti, cit., 462 a. Sul tema della confutazione in Socrate resta decisivo il saggio di G. Vlastos, *Studi socratici*, Milano, Vita e Pensiero, 2003.

lità, il processo non è solo quello della confutazione. E, ancora, il dialogo socratico non punta a una verità definita, e infatti risulta aporetico e inconcluso in quanto è volto piuttosto a mettere in evidenza la coerenza del discorso. In questo senso ha ragione H. Arendt quando sostiene che "l'unico criterio del pensiero socratico è l'accordo, l'essere coerenti con se stessi",[31] un'operazione dalla quale emerge la necessità di mettere in discussione tutto il proprio mondo di valori.

Nel caso del consulente filosofico bisogna dire che la sua ricerca della verità è molto meno diretta, direi piuttosto circolare, lavora per cerchi concentrici: non è importante confutare l'opinione errata dell'ospite (errata secondo chi? in base a quale principio?), e anche quando si tratti di far rilevare un evidente errore logico l'averlo rilevato e fatto notare, cosa in sé necessaria al colloquio, non costituisce ancora il raggiungimento di una qualsiasi verità. Se c'è una verità, infatti essa non si ferma in una risposta, in nessuna risposta, come nel caso del dialogare socratico, dunque, ciò che viene costantemente messo in discussione non è tanto l'oggetto del discorso quanto la coerenza con cui lo si affronta, cioè, in definitiva, la coerenza interna della persona. Ciò che la consulenza aggiunge, a mio modo di vedere, è però il fatto che il dialogo così concepito aspira a risolvere pragmaticamente le aporie: la verità in essa ha il peso della carne dell'ospite stesso, è la risposta che viene dalla vita, dalla scelta, dalla decisione, dal gesto che l'ospite fa. Il confronto, dunque, non è quello di un dialogo in cui ci si confuta vicendevolmente per far emergere una verità che abbia sapore di conquista logico argomentativa; ogni argomentazione (e la filosofia lavora proprio attraverso argomentazioni) è funzionale alla realtà pesante della vita, e non è serva di alcun assoluto logico.

8.3 Interrogare un valore

La domanda filosofica è sempre una domanda "radicale",[32] tale cioè da andare alla radice delle questioni, come già ho detto; ciò che è in gioco non è la semplice definizione da vocabolario, si tratta piuttosto di comprendere

---

[31] H. Arendt, *La vita della mente*, Bologna, Il Mulino, 1987, p. 281.
[32] Si vedano si questo aspetto le pagine di S. Contesini in Contesini, Zamarchi, *Sensibilità filosofica*, cit., pp. 81 e sgg.

cosa sia realmente in questione. Se ad esempio interrogo qualcuno in funzione di ciò che ha fatto, ecco che mi si apre l'orizzonte del bene e del male, cioè il campo della giustizia; se invece interrogo qualcuno rispetto a ciò che dice, ecco che mi riporterò al campo della veridicità, e via di questo passo.

E il gioco della consulenza è tale per cui in ogni momento abbiamo la possibilità di scegliere una prospettiva differente, servendoci di volta in volta di un domandare di natura, diciamo così, più specificamente socratica, come quando si chiede semplicemente: *Cos'è per te la verità?* Oppure un domandare che potremmo definire piuttosto di natura kantiana, come quando chiediamo: *In base a quali esperienze puoi sostenere di non essere abbastanza libero?* Oppure possiamo servirci di un domandare di natura nietzscheana, quando interroghiamo rispetto al processo genetico di un concetto: *Come e quando è sorto in te il dubbio sulla libertà?* Così in generale, quando ci troviamo a interrogare un valore: possiamo chiedere, in un ipotetico percorso: *Cosa significa questo? Cosa significa nella tua esperienza? A quali eventi e fatti e gesti si associa nella tua esperienza questa parola? Potresti ricostruire il percorso attraverso il quale questa nozione si è presentata in te?*

Una volta completato questo percorso, che in qualche modo porta anche alla condivisione di un termine o di una serie di termini che sono stati interrogati preliminarmente e quindi accettati nel loro valore non più solo implicito, posso cominciare a sviluppare delle interrogazioni centrate piuttosto sulla necessità di verificare quanto quel valore appartenga effettivamente all'ospite, sia autenticamente suo: *Sei in grado di fare tuo questo valore nella sua formulazione ultima?*

Resta poi da verificare in che misura quel termine (valore/credenza) sia in contrasto con la condizione dell'ospite, anche per renderci conto se non sia proprio da quel contrasto che nasce il disagio che ha portato l'ospite in consulenza: *In che misura questa credenza così precisata si scontra con la tua attuale condizione?*

E quindi è possibile lavorare sulla dimensione della coerenza tra quanto l'ospite trattiene in sé come autenticamente suo e quel che invece appare esternamente nei suoi atti, nei suoi comportamenti, nei suoi gesti, nei suoi discorsi. Se c'è una incoerenza essa va tematizzata: *Come si spiega la frattura tra i valori che hai assunti come validi e i tuoi attuali comportamenti?*

E via di seguito.

8.4 Interrogare un problema

Interrogare un problema non è esattamente come interrogare un valore. In linea di massima si tratta innanzi tutto di *formulare* il problema stesso. L'ospite userà allora le parole che ritiene più adatte alla situazione e alla necessità di chiarezza, ma non sempre riuscirà a essere davvero chiaro, cioè a far percepire all'interlocutore il completo significato di quel problema. Si tratta allora, attraverso l'interrogazione, di *girare intorno* a esso in vari modi; ne indico alcuni.

-   La modalità genetica: *Da dove ha avuto inizio questo problema? Come si è arrivati a questo punto?*
-   La modalità relazionale: *Chi sono le persone coinvolte nel problema? Oltre a te, chi altri è coinvolto? Chi lo ha saputo? Chi lo ha voluto? Da chi dipende?*
-   La modalità causale: *Qual è la causa di tutto questo secondo te? Qual è la causa invece secondo il tuo datore di lavoro? Ci sono delle cause esterne?*
-   La modalità allargante: *Cos'altro è successo? E dopo questo fatto? Quali sono state le conseguenze per te? E per i tuoi colleghi? Cosa succederà all'azienda?*
-   La modalità sintetizzante: *Puoi riassumere la questione in poche parole? Qual è la parola chiave che riassume tutto questo problema? Puoi riassumere con un verbo la tua situazione in questo problema?*
-   La modalità ridescrittiva: *Possiamo provare a riformulare il problema in modo diverso?*

Le diverse modalità attraverso le quali possiamo affrontare il problema proposto dall'ospite non hanno alcuna finalità strategica, come già si è detto, ma puntano solo a mettere in luce ciò che non appare immediatamente, non perché l'ospite voglia tacerlo, ma per le limitazioni del linguaggio come tale, che nell'esprimere e comunicare deve sempre comunque selezionare tanto le singole informazioni quanto la prospettiva attraverso le quali esse sono veicolate. Così, esplicitando attraverso differenti punti di vista lo stesso problema, è possibile far emergere le questioni chiave che meritano di essere approfondite, al di là del singolo problema che è destinato, in questo senso, a passare in secondo piano.

8.5 Allargare

Mettere in questione significa prima di tutto allargare lo sguardo, e questa è forse la fase più ricca del colloquio, e anche quella che richiede la maggior dose di creatività da parte del consulente. Ci sono infatti molti modi per allargare un tema introdotto; provo a metterne in evidenza alcuni, quelli che più vivacemente si sono fatti presenti nella mia personale esperienza di consulente.

Ovviamente il punto di partenza è sempre quello *esperienziale* come più volte esemplificato: *Cosa significa libertà per te? Quando ti sei sentito libero? Quando hai capito che stavi perdendo la tua libertà?* Ma dopo aver esplorato la dimensione esperienziale, è possibile confrontarsi con *altre esperienze*:

- esempi di conoscenze comuni, di personaggi celebri, dello stesso filosofo consulente;
- esperienze di filosofi tratte dalla letteratura filosofica, letta nel senso per cui la definizione o la riflessione intorno a un determinato tema sia intesa sempre come risultato di una esperienza individuale: posso cioè esporre l'idea di libertà di Aristotele, *è libero ciò che è causa di se stesso*, come la sua esperienza della libertà (e non come il tentativo di stabilire una verità metafisica in materia); l'uso del materiale filosofico serve a mostrare altre possibilità, non a spiegare l'esatta definizione, che cosa sia veramente quella tale cosa, e queste altre possibilità potranno essere discusse, adottate, respinte o semplicemente ritenute irrilevanti;
- esempi tratti dal repertorio letterario che rappresenta comunque un serbatoio di esperienze possibili con le quali può essere molto utile confrontarsi;
- esempi veicolati da opere d'arte, che possono essere usate anche se usano una modalità espressiva differente da quella del colloquio, perché comunque vengono riportate al dialogo per ciò che in esse è ritenuto significativo;
- esempi tratti da opere cinematografiche, che per la natura stessa del mezzo ben si prestano a mostrare brani di vita vissuta come se fosse reale, e con i quali è facile mettersi in relazione e prendere posizione;

- è possibile collegarsi ad altri elementi ancora non presi in considerazione (il tema della libertà, ad esempio, si collega con quello della volontà, della decisione, della scelta ecc.);
- è possibile cercare gli opposti o i contraddittori;
- è possibile misurarsi con il tema sulla base della condizione sociale e politica del momento.
- è possibile servirsi di numerosi strumenti di origine retorica:[33]

  - l'analisi etimologica e semantica del termine in questione;
  - gli antimodelli: cioè il mostrare esempi da evitare, conseguenze negative, immagini del termine opposto a quello che si intende discutere;
  - l'uso dell'antitesi e dell'ossimoro;
  - la tecnica della congettura retorica: costruzione di ipotesi e di concetti elaborati liberamente nel dialogo, senza pretesa di attendibilità, ma solo come modalità per lo sviluppo del colloquio;
  - la tecnica della definizione retorica: il fissare una definizione provvisoria tutta centrata sulla soggettività dell'ospite, come punto di partenza per la riflessione;
  - il disordinare le idee invertendo il prima e il dopo, oppure invertendo la valutazione positiva con quella negativa (o viceversa);
  - la ricerca eziologica;
  - l'uso di immagini o di metafore;
  - l'uso di paradossi;
  - l'uso della paronomasia (avvicinare parole di significato diverso, ma che hanno suoni simili: tradurre-tradire, stelle-stalle, amore-amaro).

Insomma, ogni colloquio ha il suo andamento e il suo percorso, ognuno segue una propria strada, non c'è né un elenco esaustivo delle possibilità, né una formula di riferimento, né soprattutto, e lo ribadisco, una strategia da applicare. Di volta in volta il discorso prende la piega che l'ospite e il filosofo consulente sentono di dover prendere. Il filosofo ha molti strumenti per operare e qui se ne sono indicati alcuni, a puro titolo di esempio. E tenendo sempre ben fermo che il momento dell'allargamento del discorso non

---

[33] Ha ben analizzato questo aspetto della consulenza filosofica Vesna Bijelic, *Parole prospettive e cambiamento. Dialogica ed euristica*, Genova, Cieffepi - Erga edizioni, 2008, pp. 90-148.

è un momento conclusivo, è sempre e soltanto un passaggio necessario, ma non esaustivo del colloquio.

QUADRO 4
I momenti del colloquio filosofico

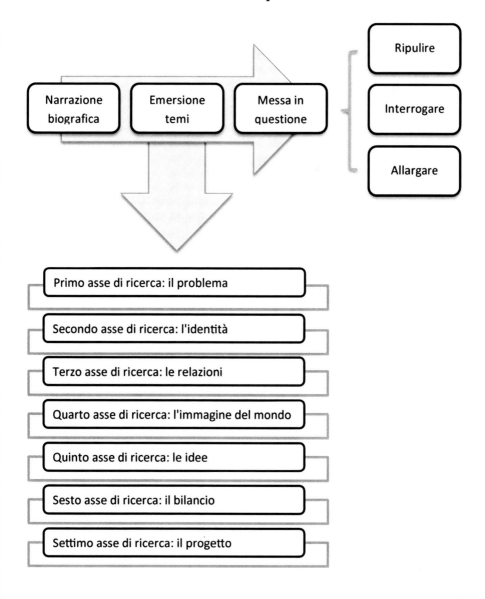

Narrazione biografica — Emersione temi — Messa in questione — Ripulire — Interrogare — Allargare

Primo asse di ricerca: il problema

Secondo asse di ricerca: l'identità

Terzo asse di ricerca: le relazioni

Quarto asse di ricerca: l'immagine del mondo

Quinto asse di ricerca: le idee

Sesto asse di ricerca: il bilancio

Settimo asse di ricerca: il progetto

9. Gli interventi scorretti

Sulla base delle osservazioni che ho fatto fin qui, credo di poter indicare alcuni interventi scorretti del filosofo, anche se, ovviamente, la singolarità di ogni colloquio ci impone di prendere queste indicazioni con molta flessibilità, e di adattarle di volta in volta alla concreta situazione.

Questo breve elenco, dunque non vuole essere altro che una segnalazione di alcuni degli interventi meno felici che talvolta capita di fare durante un colloquio, con la precisazione che comunque si tratta in ogni caso di una questione di misura, e dunque assai difficile da precisare formalmente; spetta per lo più al singolo filosofo trovare la misura giusta in generale e nello specifico del colloquio nel quale è impegnato.

9.1 La censura

Mentre è del tutto naturale che il filosofo discuta ciò che è giusto e ciò che è sbagliato, e soprattutto i fondamenti del giudizio di valore, è scorretto invece intervenire censurando comportamenti o affermazioni dell'ospite: i termini-spia che ci devono porre sull'avviso sono quelli come *si deve/non si deve*, *bisogna/non bisogna*, *è giusto/non è giusto*, *è corretto/non è corretto*.

Il filosofo deve dunque frenare tanto il suo istinto direttivo quanto il suo desiderio di valutazione, contenendo l'aspirazione a farsi guida dell'ospite, e traducendola invece in occasione di sviluppo per il colloquio: proporre e mettere in questione, piuttosto che dirigere e condannare.

9.2 La spiegazione

Mentre è naturale che nel colloquio si cerchi di spiegare atti e fatti e comportamenti, è scorretto l'atteggiamento di chi pretende di spiegare semplicemente i comportamenti altrui in base ai propri personali convincimenti, come se l'ospite si attendesse semplicemente un giudizio. Espressioni come *fai così perché...*, *hai fatto così perché*, *questo significa che...* introducono per lo più asserzioni drastiche e immotivate, che privano il colloquio del suo naturale percorso che è sempre un percorso di ricerca comune, in cui le spiegazioni e anche le valutazioni si producono solo nello sviluppo di un percorso comune.

9.3 L'induzione della risposta

Una delle trappole in cui forse è più facile cadere è quella di indurre la risposta dell'interlocutore; ciò accade quando si pone la domanda orientando la risposta, anche se magari lo si fa a livello inconsapevole, lasciandosi cioè guidare dal proprio sistema di valori o dalla propria ideologia.

Se parto dalla convinzione che i problemi del mio ospite siano tutti legati all'abuso di alcolici, e nel colloquio insisto volutamente nel chiedere delle passioni dell'ospite per l'alcol, quando ne fa uso, in che misura, in quali occasioni ecc., ne trarrò la conclusione che avevo già in mente fin dalla partenza, ma non è detto che sia la conclusione migliore per l'ospite.

9.4 L'interrogatorio

Mentre è naturale che si cerchi di chiarire tutte le componenti di una certa questione, è scorretto spostare il colloquio da una dimensione di scambio e di comprensione reciproca a una situazione di interrogatorio caratterizzato da una raffica di domande insistenti, volte a far emergere a ogni costo quel che non emerge immediatamente, e magari a creare una situazione in cui l'ospite finisce per trovarsi colpevolizzato per tutto ciò che non ha "rivelato" immediatamente.

9.5 La psico/analisi

L'errore più tipico, soprattutto in chi si avventura per la prima volta sul terreno del colloquio filosofico, è sicuramente quello di cedere, magari senza rendersene conto, a quella forma di analisi della psiche che tutti noi abbiamo imparato a fare solo in forza di qualche lettura, o per aver seguito certe trasmissioni televisive, e per aver orecchiato quella forma diffusa di linguaggio psicologistico da cui siamo ormai circondati e annebbiati.

Il lavoro sulle idee può facilmente dunque inciampare in questa modalità scorretta, e trasformarsi in una analisi psichica approssimativa e dilettantesca, ma soprattutto inutile allo scopo filosofico del colloquio.

9.6 Il consiglio

Non rientra tra le finalità normalmente condivise della consulenza filosofica il dare consigli, anche se è bene precisare la differenza tra il "dare un consiglio" e il "mostrare ulteriori possibilità". Nel primo caso è molto probabile che il gesto del filosofo si trasformi nella ennesima riproposizione dell'atteggiamento *problem solving*, che appartiene ad altre pratiche, e che riporta il filosofo a un ruolo di consulente esperto che non gli è proprio (a meno che non voglia piegarsi all'immagine del maestro di vita). In ogni caso il risultato è quello di spingere l'ospite a un atteggiamento delegante che lo esonera invece dal seguire quel percorso di autonomia che viene normalmente indicato come essenziale nel colloquio filosofico.

Dall'altro lato, vedremo oltre come invece il mostrare ulteriori possibilità sia sempre un momento positivo e creativo del colloquio.

QUADRO 5
Gli errori da evitare

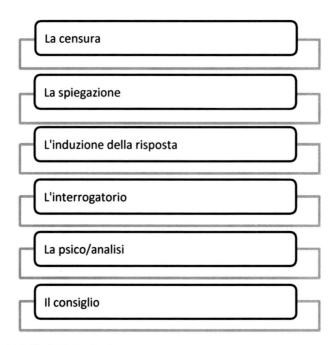

La censura

La spiegazione

L'induzione della risposta

L'interrogatorio

La psico/analisi

Il consiglio

10. La lingua filosofica comune

Guardando poi, a ritroso, il percorso che il colloquio in questo modo ha realizzato, osservando le parole che sono state sottratte all'indifferenza o alla condizione del luogo comune, e ricordando i significati che sono stati messi in campo, i valori e le possibilità che sono state aperte, ci si rende conto poco per volta di aver elaborato una sorta di *lingua filosofica* comune con la quale ci si intende (anche senza essere necessariamente d'accordo), perché è una lingua d'esperienza, non astratta e concettualizzata ma profondamente propria, per cui ciò che è stato nominato e messo sotto esame è stato profondamente *riappropriato*, così che parlare di libertà, responsabilità, possibilità, scelta ecc. non significa più usare categorie astratte, ma muovere parti di un'esistenza.

D'altra parte se c'è accordo preliminare non c'è vero dialogo, ma solo mutuo consenso, e, ancora, tollerare l'altro non è affatto un principio di dialogo perché

tollerare l'altro non è lo stesso che dialogarci insieme, anzi spesso si tollera senza spostare di una virgola la propria posizione, segno questo che non vi è stato alcun vero scambio.[34]

Dunque ecco che appare chiaramente come

dialogare è costruire discorsi che permettono di creare un linguaggio comune, di raggiungere significati condivisi intorno all'esperienza che attraversiamo e ai problemi che siamo chiamati ad affrontare.[35]

All'interno di questa lingua e con le sue parole, l'ospite dovrebbe trovarsi in condizione di fissare le proprie *verità locali*, vale a dire dei punti di riferimento, valori, obiettivi, fondamenti, atteggiamenti, scelte che egli assume come direttivi per la sua esistenza, ma dei quali sa, ha piena consapevolezza, che si tratta di elementi inseriti in un contesto di relazioni in uno spazio e in un tempo che possono cambiare; per questo sono locali, che non significa

---

[34] S. Contesini in Contesini, Zamarchi, *Sensibilità filosofica*, cit., p. 119.
[35] Ivi., p. 142.

affatto relativi e mutevoli, ma soggetti a revisione, validi interamente fin tanto che il mio cammino non mi porti in altri luoghi, e non mi porti a intrecciare un nuovo tessuto di relazioni. Allora quei valori, quegli obiettivi, quelle scelte potranno essere riviste perché io stesso sarò diverso e avrò bisogno di nuovi punti di riferimento. Le coordinate che ho usato fino ad allora non mi serviranno più. Ne dovrò elaborare di nuove.

È facile pensare un esempio: quel modello di autenticità che ora mi sembra così essenziale alla mia vita, per darle un senso e una direzione, per farmi uscire da quella condizione di inautenticità che costituisce la prima delle mie sofferenze, forse un giorno mi apparirà a sua volta inadeguato. Ne sono consapevole, ma ciò non mi fa precipitare nello scetticismo o nel nichilismo. Scelgo perché mi è necessario, è la mia verità locale.

In questo senso ciò che stiamo descrivendo deve essere inteso metaforicamente nei termini di un *percorso*, non in quelli di un *processo*: il percorso, contrariamente al processo che è finalizzato, non ha un *tèlos*, ma ha uno sviluppo, si articola indefinitamente (almeno fin tanto che siamo vivi, perché la morte è il limite di ogni percorso umano). Noi siamo sulla via, lungo un cammino che ci vede sulla strada, e il movimento continuo del nostro andare esige che si sia capaci di orientamento, che non ci si perda, che si fissino dei punti di riferimento e in base a quelli si guidi il nostro cammino. Ma avanzando certi punti di riferimento scompaiono, altri nuovi appaiono, il panorama cambia e noi con esso.

11. I tre livelli del discorso

A margine e in modo molto provvisorio, è opportuno fare una piccola precisazione rispetto al gesto che si compie nel colloquio. In termini molto generali possiamo intendere il movimento del colloquio filosofico come un movimento di *chiarificazione*, in realtà il termine è assai insufficiente ma adottiamolo in via provvisoria per intenderci intorno ai tre livelli di lavoro del colloquio.

Il discorso tra consulente e ospite si sviluppa (nel modo che ho abbozzato qui sopra) su tre piani spesso molto intrecciati, talvolta ben distinti: ogni colloquio ha infatti la sua natura e la sua struttura; ciò non toglie che i tre livelli siano abbastanza facilmente osservabili nel gesto che si realizza.

Vi è un primo strato nel quale risulta essenziale agire sul discorso stesso, ovvero insieme sulla semantica e sulla logica di esso, sulle parole di cui si serve, cioè sulla dimensione dei significati, e sulle sue contraddizioni. È lo strato di base in un certo senso, perché è quello che dà al consulente lo spunto per lo sviluppo del colloquio, e che determina le domande tipiche del consulente filosofico: *Cosa intendi con questo termine? Cosa significa per te questa parola? Non trovi che ci sia una contraddizione tra la cosa che dici ora e quella che hai detto prima?*

Ma vi è poi un secondo livello nel quale si lavora piuttosto sulla chiarificazione delle idee. Questo strato non può che nascere dal primo ovviamente, e si serve del primo, cioè della messa in discussione delle parole, per accedere al livello in cui le parole sono scelte, valori, acquisizioni, punti di riferimento adottati nella vita dall'ospite, o in via di costituzione o di revisione o di trasformazione. È ovviamente lo stesso ospite, nel momento in cui è chiamato a spiegare il significato di un termine, che non può far altro che esplicitare, magari in forma circolare, avvolgente, non diretta, l'uso che di quel termine egli fa nella sua esistenza. Non è dunque una definizione da vocabolario che ci serve come risposta, ma è un discorso che collochi il termine nella vita dell'ospite. Spesso anzi il movimento di chiarificazione muove da una assunzione indiscussa di un termine secondo formule astratte e banali (da vocabolario appunto, ed è spesso la prima risposta che l'ospite fornisce) a una seconda operazione, quella di collocare il termine in un più vasto campo semantico, all'interno del quale si confronta e si relativizza rispetto ad altri termini (una costellazione di solito: ad esempio libertà, autonomia, scelta, responsabilità ecc.). Quando infine l'ospite è chiamato a giustificare la rete di idee che è venuto fornendoci, egli non può fare a meno che rifarsi alla sua esperienza, cioè di rendere sensate le parole attraverso l'uso che egli ne ha fatto e ne fa, introducendo una serie di giustificazioni che sono sempre relative all'uso, cioè al suo concreto agire (gli *esempi* che sostengono la *definizione*).

Di qui, dunque, si giunge al terzo strato in cui si opera nella prospettiva della chiarificazione del gesto, cioè del fare e dell'agire. Attraverso la fissazione dei punti di riferimento, e dunque di una serie di verità locali, l'ospite può determinare la propria esistenza, può agire diversamente, può muoversi in altro modo nelle sue relazioni, nelle sue scelte. Può ricostruire una scena etica nella quale sia più facile per lui riconoscersi e operare.

Questi tre livelli non sono necessariamente tre momenti distinti; l'esperienza insegna anzi che il più delle volte si lavora simultaneamente su tutti e tre i piani, e questo è probabilmente una delle difficoltà più serie per colui che conduce il colloquio; deve esserne continuamente consapevole. Cioè, esemplificando, deve sapere che stabilire il significato della parola *libertà* significherà non solo chiarire un'idea, ma al contempo e nello stesso modo rendere possibile un differente agire del suo ospite. Perché le sue parole sono azioni.

È chiaro che sullo sfondo di questa mia lettura dell'esperienza di colloquio filosofico c'è tutta la riflessione del cosiddetto *nominalismo psicologico* proposto da Sellars[36] e ribadito da Rorty, in base alla quale ogni presa di coscienza è una questione linguistica. Afferma Sellars:

> Qualsiasi consapevolezza di *generi, rassomiglianze, fatti* ecc., in breve, qualsiasi consapevolezza di entità astratte – e, in realtà, anche di particolari – è una faccenda linguistica. In base a questa concezione, neppure la consapevolezza di quei generi, rassomiglianze e fatti che pertengono alla cosiddetta esperienza immediata è presupposta dal processo di acquisizione dell'uso del linguaggio.[37]

Ciò significa in primo luogo che

> caratterizzare qualcosa come un episodio o uno stato di conoscenza non equivale a fornirne una descrizione empirica ma, piuttosto, a collocarlo nello spazio logico delle ragioni, nello spazio in cui si giustifica e si è in grado di giustificare quel che si dice.[38]

È quel che accade, chiaramente, nel colloquio filosofico, dove i fatti, le valutazioni, i valori, le credenze, tutto il patrimonio concettuale della persona viene messo in gioco di fronte all'altro, viene cioè, appunto, sottoposto al campo delle ragioni, delle giustificazioni. Tutto il processo di presa di co-

---

[36] Cfr. Sellars, *Empirismo e filosofia della mente*, Torino, Einaudi, 2004; Rorty, *La filosofia e lo specchio della natura*, Milano, Bompiani, 2004, pp. 369 e sgg.
[37] W. Sellars, *Empirismo e filosofia della mente* , cit., pf. 29, p. 44.
[38] Ivi, pf. 36, p. 54.

scienza, di costituzione della propria consapevolezza, che è il processo essenziale del colloquio filosofico, si muove in questo spazio. Ma, aggiungo, deve essere chiaro anche il movimento opposto (e conseguente); se è vero che "la conoscenza è inseparabile dalla pratica sociale – la pratica di giustificare le proprie asserzioni ai propri simili",[39] è altresì vero che le trasformazioni delle nostre pratiche sociali dipendono dal percorso di consapevolezza, di presa di coscienza, di semplice conoscenza che noi tutti facciamo confrontandoci con gli altri. La costituzione dei nostri valori, la determinazione dei punti di riferimento che ci consentono di elaborare i nostri obiettivi, sono dunque prima di tutto pratiche linguistiche collettive, che avvengono nello spazio comune in cui si articola il discorso, in cui si possono costituire argomentazioni, giustificazioni ecc. E dunque quanto avviene in sede di colloquio, un percorso linguistico, è nello stesso tempo il presupposto di un campo d'azione, proviene dall'uso, cioè dallo scambio, e prelude all'uso, cioè allo scambio, che è gesto, è relazione, è semplicemente la vita quotidiana di noi tutti. Allora la trasformazione che il colloquio rende possibile, per la quale lavora, è innanzi tutto una trasformazione linguistica, che si tratti di valori, di assunzioni, di ipotesi, di progetti, ma al contempo essa è anche trasformazione vitale, cioè un cambiamento operativo, nei gesti quotidiani, nei rapporti, nelle relazioni.

Nell'evento del colloquio l'ospite fa prova di essere parte di una certa comunità, e impara a regolare le proprie affermazioni, i propri presupposti, le proprie personali acquisizioni in funzione della comunità nella quale vive, e nella quale si realizzano tutti i giochi in cui egli è coinvolto.

12. La dimensione di trasparenza

C'è un aspetto del colloquio filosofico che è, secondo me, assai caratterizzante: il consulente agisce in una dimensione di assoluta *trasparenza* (condizione che è parte di quella generale dimensione di *sincerità* che è il cuore stesso della consulenza). Questa condizione può essere esaminata da almeno tre punti di vista.

[39] R. Rorty, "Introduzione" a Sellars, *Empirismo e filosofia della mente, cit.*, p. IX.

- In primo luogo tra consulente e consultante c'è un patto esplicito: fin dal primo momento il filosofo consulente chiarisce qual è lo scopo e la natura del colloquio, il suo non essere terapeutico, il suo essere prettamente filosofico, il suo essere libero ecc.

- In secondo luogo nel corso del colloquio, a ogni svolta del discorso, il consulente filosofico dice quello che fa, racconta esplicitamente il gesto discorsivo che sta compiendo, esplicita il senso delle sue domande, dice perché fa questo o quello, e mostra di volta in volta il percorso che si sta compiendo: *Restiamo sul percorso autobiografico... Ora proviamo a interrogare questo concetto... Facciamo il punto della situazione... Proviamo a fare il bilancio... Stiamo percorrendo la strada delle tue relazioni...* In questo senso l'ospite dovrebbe essere sempre al corrente del percorso in cui è coinvolto, del senso di certe domande, del perché ci si occupa di questo piuttosto che di quello.

- Infine, è evidente che nel colloquio non c'è alcuna difficoltà a passare dal livello del discorso a quello meta, in cui si interroga il discorso stesso. Attraverso i rendiconti progressivi (per esempio alla fine di un incontro o all'inizio del successivo, o dopo un certo numero di incontri): *Vediamo quello che abbiamo guadagnato da questo colloquio... Questi sono gli elementi che sono emersi oggi... Valutiamo il colloquio fatto fin'ora...,* oppure in quelle situazioni in cui è opportuno precisare il lavoro che si sta facendo: *Il consulente filosofico non dà consigli... La consulenza filosofica non prevede che...* ecc.

VI. I meccanismi della trasformazione

La direzione di sviluppo del colloquio filosofico non tende a un obiettivo preciso, in quanto non si tratta di una attività strategica, ma tende a una trasformazione, per quanto non sia in grado né di prevederla, né di assicurarne l'andamento. Eppure, qualsiasi sia lo sviluppo del colloquio, esso produce delle variazioni negli interlocutori, tanto in termini di conoscenza quanto in termini di comprensione, tanto in termini di modificazione del proprio agire. Il colloquio non può lasciare indifferenti: una semplice precisazione logica è di già una trasformazione, che dunque non sempre dà luogo a una metamorfosi completa, a un rovesciamento, spesso solo a piccolissimi spostamenti, accenni, *nuance*, sufficienti però a cambiare qualcosa, sufficienti molto spesso a risolvere un disagio anche profondo.

La trasformazione si realizza attraverso alcuni meccanismi che è bene provare a identificare. Perché averne piena consapevolezza è per il filosofo consulente il presupposto per assecondare e sviluppare certe linee di tendenza che appaiono nel colloquio, e che se passassero inosservate risulterebbero meno significative. Prima però riassumo il percorso che ho descritto fino a ora: ho dato un nome alle diverse fasi del colloquio, ho mostrato come in primo luogo ci si adoperi per ricostruire narrativamente la questione, e come attraverso vari percorsi si facciano progressivamente emergere le tematiche fondamentali che, una volta identificate, vengono interrogate in vario modo. L'interrogazione muove, dunque, ciò che alla fine determina la trasformazione.

Tali movimenti sono ovviamente complessi, articolati, spesso intricati fra loro, il distinguerli come ora proverò a fare è necessariamente una scelta esplicativa che va colta con beneficio d'inventario. E che va sottoposta al vaglio dell'esperienza. Per il momento vorrei provare a soffermarmi e a discuterne almeno alcuni: il processo della appropriazione, la ridescrizione, le dinamiche di creazione e scoperta, l'esplicitazione del progetto, la definizione dei ruoli, la realizzazione di una certa condizione di equilibrio.

1. L'appropriazione

Nella consulenza filosofica ci si appropria di qualcosa. Ci si appropria di certe parole, che sono valori, immagini, riferimenti di vita, modalità d'esistenza. Durante il colloquio in fondo non si fa altro che saggiare la consistenza di certe parole, fin tanto da scartare quelle inadeguate e da selezionare quelle che valgono, in quel momento, per quel tratto di vita. E quelle vengono "appropriate".

Intendiamo: è dal mondo che appaiono gli elementi che meritano di essere acquisiti. Ognuno di noi percorre il mondo, il tempo, lo spazio, e incontra nelle pieghe dei fatti, nei risvolti delle proprie azioni e nelle parole di ogni dialogo, in ogni scelta, in ogni decisione, dietro il volto di ogni esperienza, certe parole che chiamiamo valori (e potrei chiamarle diversamente, potrei chiamarle *credenze*, ma per noi *valgono*, ed ecco il nome). Ma in questo spettacolo che il mondo ci presenta non tutto mi riguarda, poche sono le parole che per qualche motivo decido di far mie, sono i valori che interrogo, quelli che sottopongo a esame, e attraverso un complicato processo trattengo per me, fino a farli diventare un pezzo di me. Mi approprio di alcune parole che non sono più oggetti esterni del mondo né termini di un colloquio ma tratti di me.

Tuttavia il termine *appropriazione* è ambiguo. Innanzi tutto sgombriamo il campo da un facilissimo equivoco: ciò che è appropriato, ciò che diviene "per me", non è affatto ciò che tengo "secondo me". La semplice opinione, anche se suffragata da prove inconfutabili, anche se sostenuta da argomenti saldissimi, è un'altra cosa rispetto all'appropriazione; è vero che spesso ci convinciamo di qualcosa, sappiamo che è davvero così, in quel modo, eppure per noi vale qualcos'altro. Perché? Perché comunque c'è qualcosa di cui io mi sono appropriato per ragioni altrettanto valide, non meno solide, rispetto alle quali anche se io mi rapportassi mettendo una accanto all'altra le diverse possibilità, ciò che avrebbe valore non sarebbe la verità più solida – perché purtroppo la verità non si misura così – ma ciò che mi persuade. Potrei affrontare un articolatissimo percorso argomentativo, ma poi alla fine ciò che vale non è deciso esclusivamente dalle ragioni (per quanto debba sicuramente averne e di buone) ma da ciò che io ritengo meglio: il mio giudizio su ciò che s'intende per "buone" ragioni è di già *persuasione*,[1] che viene prima dell'argomentazione logica. L'esempio più semplice è quello che riguarda la donna che realizza razionalmente l'opportunità di lasciare il marito violento, ma che decide di non lasciarlo. L'argomentazione logica convincente non è però sufficientemente forte da scalfire la sua persuasione che il meglio sia, *nonostante tutto*, restare con il marito.

Noi ci appropriamo, dunque, di certi valori, di certe preferenze, di certe scelte. È mio, ad esempio, questo senso di giustizia che mi ribolle nello stomaco, che mi spinge all'indignazione, che mi sollecita di fronte all'immensa povertà di questo tempo. L'analisi, la valutazione, il ragionamento, le scelte consapevoli sono appunto soltanto un elemento secondo che muove a cascata da questo sentire originario. Ma questo "sentire" è appunto l'appropriazione. È quanto è divenuto mio (prima di assumerlo come oggetto di riflessione, oppure mentre lo assumevo come tale). La riflessione che conta è quella che gioca su quanto è mio. Su quanto mi è proprio.

> Ognuno ha certi *innati principi concreti*,[2] nascosti nel suo sangue e nella sua linfa vitale, che sono il risultato di tutti i suoi pensieri, dei suoi sentimenti e della sua volontà. Egli per lo più non li conosce *in abstracto*, ma solo guardando indietro a tutta la sua vita si accorge di averli continuamente seguiti, e di essere stato tratto da loro, come da un filo invisibile.[3]

Così posso rinvenire quanto ho appropriato nella mia vita ma, attenzione, bisogna aggiungere: posso appropriarmi continuamente, il processo con cui faccio miei valori, gesti, attitudini ecc. non è mai concluso, fino all'ultimo momento della mia esistenza posso appropriarmi di qualche nuovo tratto della vita.

---

[1] Il termine meriterebbe una approfondita riflessione, che non posso svolgere qui. Per ora si consideri il termine "persuasione" come una parola chiave della mia lingua filosofica.
[2] Attenzione, qui "innati" non vuol dire ricevuti così come sono al momento della nascita, ma piuttosto "appropriati intimamente", cioè divenuti la nostra natura.
[3] A. Schopenhauer, *Parerga e paralipomena*, cit., vol. I, p. 635.

Ma proviamo ad andare più a fondo: cosa significa appropriarsi di qualcosa? Faccio mio. Ma non è una proprietà, non è un oggetto che, diverso da me, tengo stretto perché mi appartiene, come se lo stringessi con le mani, perché qualcuno me lo può sempre sottrarre. Seneca coglie bene il rilievo dell'appropriazione, e quindi la distinzione fra ciò che è proprio in quanto possesso, proprietà, avere, e ciò che invece è proprio in quanto qualità dell'uomo e che costituisce la sua ricchezza autentica, estranea alle ricchezze passeggere ed effimere del lusso esteriore. "Ognuno – egli afferma – deve vantarsi solo di ciò che gli appartiene"; così come non loderemmo una vite carica di grappoli d'oro, così

> anche nell'uomo bisogna lodare ciò che è proprio dell'uomo. Ha dei bei servi e una splendida casa, ha estesi possedimenti che coltiva, dà molto denaro a interesse: nessuna di queste cose è dentro di lui, ma tutte sono intorno a lui. [4]

Non dobbiamo, dunque, secondo Seneca, considerare nostri i beni che il caso ci ha dato, perché tutto ciò che il destino ci ha dato è in prestito, è passeggero.[5] Ma dobbiamo considerare nostro ciò che sta nell'anima perché l'uomo è prima di tutto la sua anima, e nella sua anima prima di tutto l'elemento razionale. Ciò che più intimamente è umano, ciò che gli è proprio dinanzi al mondo è proprio l'anima, ed è qui, nell'anima, che ci appropriamo di ciò che è buono: chiunque l'abbia detto, o l'abbia scritto, egli afferma, "tutto ciò che di buono è detto da qualcuno è mio",[6] e questa non è soltanto il motto di una filosofia eclettica, bensì e molto meglio il principio attraverso il quale facciamo nostro ciò che consideriamo meglio, ciò che ci serve per stare sulla scena della vita.

Mi approprio, dunque: diventa parte di me. Come una cosa che io stesso sono. Il mio braccio. Ciò di cui mi approprio non è nato con me, per questo devo appropriarmene. Ma diviene parte di me. Tuttavia il mio braccio sarà sempre con me e morirà con me; solo un trauma potrebbe strapparmelo, e con il rischio di distruggere anche me. Ciò di cui io mi approprio, invece, potrei scoprire, a un certo punto, che non mi appartiene più. Il percorso

---

[4] Seneca, *Lettere a Lucilio*, in *Tutti gli scritti*, Milano, Rusconi, 1994, 41, 7.
[5] Ivi, 8, 10.
[6] Ivi, 16, 7.

della mia vita è fatto di appropriazioni ma anche di *dismissioni*. Nel corso del colloquio filosofico metto in atto appunto questo processo: dismettere certi termini come "non più miei", adottarne o riconoscerne altri come "miei".

In questo senso posso perdere anche ciò che è mio. E ciò che è mio può trasformarsi col tempo, cambia, si combina, si trasforma (come un braccio può diventare più forte, o una gamba più veloce o più debole). Ciò che mi apparteneva può non appartenermi più: è proprio questo movimento che ci prende (e che la consulenza filosofica disvela). Ciò che era mio (faticosamente conquistato) improvvisamente non lo è più, o non più nel modo in cui lo era precedentemente. Posso sacrificare, se necessario (necessario per me) anche ciò che è mio. In funzione di quanto Platone nomina come il Bene.

> Gli uomini sono disposti a farsi tagliare piedi e mani, se queste parti di se medesimi a loro risultano essere in cattivo stato. Infatti, io penso, ciascuno non è attaccato a ciò che gli è proprio, a meno che non si chiami Bene ciò che gli è proprio, e non si chiami Male ciò che è estraneo, dal momento che non c'è altro che gli uomini amano se non il Bene.[7]

Mi approprio, faccio mio, ma posso perdere anche ciò che è mio se lo esige la relazione nella quale sono coinvolto. È questa l'instabilità costitutiva della scena etica su cui noi tutti siamo. Le marmoree certezze sono lì, contro il sole, cumuli di rovine, e straordinarie colonne rimesse in piedi per turisti curiosi. Le strade che portano in cima ci sono ancora, non sono le stesse d'un tempo ma ci sono ancora, e portano ancora sulla vetta della collina. Ma qui, oggi, il panorama è cambiato, non è più quello di una volta.

Si prenda l'esempio della memoria: la memoria è sempre mia, è la mia memoria, ma ci si sbaglia se si crede che essa sia una storia fissa da usare, richiamare, riconoscere, secondo la tradizionale metafora del magazzino. La memoria è sempre mia proprio perché è sempre *appropriata*. Essa cioè è costruita, è integrata, è deformata, è selettivamente cancellata, è frutto di un vaglio non casuale, che spinge i ricordi di qui o di lì, che li evidenzia, li sotto-linea, li sviluppa, li cancella, li deforma (li rimuove) ecc. È vero, dunque, che la memoria è sempre mia, ma solo perché appropriata e non riconosciuta.

---

[7] Platone, *Simposio*, in *Tutti gli scritti*, cit., 205e-206a.

Un'altra metafora abbastanza esplicativa è quella dell'*assimilazione*: è ciò che accade quando immettiamo un alimento nel nostro corpo e quello viene assimilato diventando carne e sangue e non saremo più in grado di distinguere nettamente il pane e il formaggio negli strati adiposi del nostro corpo (anche se la penuria e l'eccesso sono ben visibili).

Facciamo anche l'esempio del nome. Il mio nome non l'ho scelto io, avrebbe potuto essere un altro, ma ora è mio, è il mio nome. Mi appartiene come qualcosa in cui io sono. Rispondo a quel nome, mi volto, "Sì, sono io". Non è un braccio, non è una gamba, è qualcosa di intimamente diverso, ma se lo cambiassi (e potrei cambiarlo) cambierebbe di me qualcosa di profondo, non soltanto qualcosa di superficiale. Non si cambia nome come si cambia camicia. Il mio nome è qualcosa che mi appartiene, non come una proprietà privata, non come un possesso (si possiede l'oggetto), ma come un tratto del volto, un'altezza. Questo, nello specchio, è il mio naso (quello che gli altri potrebbero vedere storto senza che io me ne fossi mai accorto).

Un altro esempio semplice. Quando il bambino dice "mio", non dice "mi appartiene", dice in realtà "lo voglio", "voglio toccarlo", "voglio giocare", "voglio una qualche relazione con quello" ecc. Quando il bambino dice "mio", intende: *è nel mio campo d'esperienza e per questo me ne approprio. Mi appartiene come l'ambito delle possibilità che mi circondano e nelle quali io sono strutturato, e posso (voglio) agire. Quella possibilità mi appartiene: sono in questo possibile gioco, contatto, azione, gesto... Mi approprio di ciò che rientra nel campo del mio possibile.* L'appropriazione che si realizza nel colloquio filosofico è della stessa natura: è l'acquisizione di un tratto di possibilità, che io attribuisco a me stesso.

D'altra parte, il passaggio dalla semplice proprietà privata all'appropriazione è ben chiaro quando trattiamo di cose che abbiano a che fare con lo spazio. Dice benissimo Nietzsche in una lettera, lui così randagio e inquieto, alla ricerca di un luogo che gli desse serenità e salute: "Ora ho preso possesso dell'Engadina e sono come nel MIO elemento, è veramente miracoloso!".[8] Delimitare un confine, e stabilire un possesso, è il gesto della proprietà privata. Stabilire (A chi? A me stesso) che questo spazio mi appartiene, è tutt'altra cosa. Una casa mi può appartenere perché io l'ho

---

[8] F. Nietzsche, *Epistolario (1865-1900)*, Einaudi, Torino, 1962, vol. III, p. 374.

acquistata e un notaio ha garantito la regolarità dell'atto: è la mia casa. Ma ben altra casa è quella che io posso chiamare *la mia casa* perché in essa mi riconosco, lì trovo gli spazi che mi sono familiari, lì mi sento a casa, essa mi è propria in ben altro modo, e potrebbe benissimo non essere mia formalmente, essere la casa di mio padre o un casa che affitto... Mio, dunque, è questo spazio che percorro sotto il sole stamani. Mio, perché è il mio spazio, lo spazio nel quale sono presente a me stesso. La mia presenza filosofica è fatta di tempo e di spazio appropriati.

In italiano "appropriato" significa anche adeguato, conveniente, idoneo. Lo spazio di cui io mi approprio è lo spazio che diviene "adeguato" alle mie possibilità. È uno spazio possibile, è lo spazio del mio possibile, dove il gesto si può esplicare. Quando diciamo che ci siamo "appropriati" di un termine, per esempio "libertà", diciamo qualcosa di molto simile a questo. Diciamo che ci appartiene un certo ambito di possibilità, un campo di azione per i nostri gesti. Perché, attenzione, sia chiaro (anche se qui non è sufficientemente argomentato) che il valore non è solo una bandiera, ma piuttosto una possibilità di azione. Una forma dell'azione stessa. Un valore autentico, che cioè non serva soltanto a formare una identità superficiale, è un presupposto dell'agire consapevole, non una limitazione alle nostre azioni, ma anzi l'apertura di esse.

Qui però, è necessario fare una precisazione: qualcuno potrebbe confondere l'appropriazione con una di quelle parole che dicono implicitamente (o che rappresentano) la volontà di potenza dell'umano, il suo perverso desiderio di farsi padrone del mondo. Ma non è così, anche se forse quel desiderio di possesso che ha tante volte portato l'uomo alle sue azioni più infami è figlio degenere di una condizione naturale dell'uomo. L'uomo non può fare a meno di appropriarsi lo spazio e il tempo in cui vive se non vuol restare un estraneo, uno straniero (che è esistenzialmente una condizione di sofferenza). Ma l'appropriazione di per sé non è dominio, né possesso; è la nostra acquisizione di valori che, purtroppo, può renderla tale. È nella nostra responsabilità appropriare il mondo per esserne parte rispettosa o per farne motivo di conquista e di distruzione. Appropriare è umano, possedere è una scelta di cui ci assumiamo tutta la responsabilità, presente e futura.

Certo l'appropriazione è un gesto per lo più non interrogato (ma interrogabile). E come tutti i gesti ha bisogno di un agente, di un sistema di ragioni, di una volontà. Tuttavia è un gesto di natura assai particolare perché è un gesto per noi indispensabile, che non possiamo fare a meno di compiere. Per lo più ci troviamo a compierlo senza averne intera consapevolezza, magari ammantandolo di metafore più o meno strette. È la filosofia che fa emergere il gesto nella sua natura o nella sua compiutezza. Lo dice benissimo già Cartesio quando afferma:

> Il mio programma non si è mai esteso al di là di una riforma dei miei propri pensieri e di *una costruzione sopra un terreno tutto mio.*[9]

E una scelta di autenticità è il presupposto di chi cerca prima di tutto in sé di realizzare la verità. Commenta Vito Mancuso:

> Il "tutto mio" che contrassegna il fondamento ricercato da Cartesio non va inteso in senso egoistico o solipsistico, cioè di *mio* in quanto contrapposto a tutto il resto e completamente originale. *Mio* va inteso piuttosto nel senso che lì io sono sicuro, so che mi posso fidare, ho verificato di persona che è un terreno roccioso e non sabbioso, e ora posso costruirvi la casa.[10]

Il mio dell'appropriazione non è proprietà ma provvisoria certezza (più o meno fondata, poco importa), perché persuasiva, perché è ciò che mi muove all'azione, alla vita.

L'appropriazione però è un gesto che appartiene anche a culture che non hanno familiarità con la filosofia. A condizione che abbiano confidenza con la scelta e quindi che agiscano sulla scena della libertà, senza la quale né una scelta, né una articolazione di ragioni possono aver senso. Senza libertà non c'è appropriazione. Nella nostra cultura, allora, appropriare, è ciò che facciamo continuamente, e che continuamente ci pone di fronte alla scelta: appropriarsi o possedere? Ciò significa che quando l'appropriazione riguarda i valori essenziali allora è da intendersi come un processo molto oneroso, che giunge solo in rari momenti a una assunzione completa, e quei rari momenti sono le grandi svolte della mia vita. Quando percepisco che quel modo

---

[9] Cartesio, *Discorso sul metodo*, Milano, Mursia, 1972, tr. G. De Ruggiero, p. 44, corsivo mio.
[10] V. Mancuso, *La vita autentica*, Milano, Raffaello Cortina, 2009, p. 65.

di sentire l'amore, quel modo di essere nell'amicizia, quel senso di rispetto per l'altro sono miei, mi appartengono, ecco, quel momento rappresenta una svolta essenziale nella mia esistenza.

"Un valore è nulla se non è incarnato"[11] dice giustamente Gabriel Marcel. Ma cosa significa che un valore si incarna? Significa che nasce dall'esperienza e che la ragione lo interroga fino a farne carne e sangue; significa, aggiungerebbe Marcel, che è congiunto a una causa, cioè a un agire sovrapersonale, relazionale, parte di una vita comune. Quel valore è incarnato se esso è legato a una scena di vita reale (nella quale sono presente), cioè se esso è azione possibile. Altrimenti resta solo vuota posizione, astrattezza, assolutezza disincarnata.

Far mio, appropriarmi, è il compito che mi pongo anche senza averlo mai deciso. È qualcosa che appartiene all'umano prima ancora della sua valutazione. Ad esempio quando dico che io sto da una parte piuttosto che da un'altra, quando dico che "io sono fatto così", non sto facendo altro che sottintendere alcune mie appropriazioni. Parteggio perché mi sono appropriato di alcuni punti di riferimento che stanno intorno a me, e fra i quali potevo passare con indifferenza. Invece alcuni li ho fatti miei, me ne sono appropriato e ora mi appartengono, sono parte di me. Ma non posso fare diversamente. Allo stesso modo mi approprio dello spazio, mi approprio del tempo. Quando mi trovo in una condizione di assoluta estraneità al tempo e allo spazio sto male. Almeno una delle forme del nostro disagio è quella che si determina in questa condizione di mancata appropriazione. E dunque possiamo combattere il disagio lavorando sulle modalità della nostra appropriazione del tempo e dello spazio.

E il colloquio filosofico può essere l'esercizio fondamentale per acquisire questa attitudine. Un esercizio attraverso il quale l'uomo può raggiungere se stesso, può ritrovarsi come un'esistenza consapevole, può, nei termini di Heidegger, pervenire a una liberazione dell'esserci dell'uomo.

Dinanzi a se stesso – non come ideale immutabile e immagine archetipa, fissata rigidamente, bensì dinanzi a se stesso come ciò in cui si deve nuovamente e

[11] G. Marcel, *Homo viator*, Roma, Borla, 1980, p. 181.

a forza appropriarsi della propria possibilità e, in una tale possibilità, assumere se stesso su di sé.[12]

Assumere se stesso su di sé, operare la scelta, direbbe Kierkegaard, è questo gesto che si realizza nel colloquio filosofico.

Dovrebbe essere sufficientemente chiaro, a questo punto, cosa intendo quando parlo dell'appropriazione come uno dei meccanismi essenziali che nel colloquio filosofico determinano la trasformazione, e dovrebbe essere altresì chiara la portata filosofica del concetto, che si ricollega facilmente al sentiero di riflessione aperto da Heidegger nel momento in cui il grande filosofo tedesco mette a tema quella figura che nomina con la parola *Ereignis*, evento, ovvero "l'ambito attraverso il quale uomo ed essere si raggiungono a vicenda nella loro essenza".[13]

L'uomo, secondo Heidegger, è radicato nell'*Ereignis* come ciò che gli appartiene, che gli è proprio. Egli infatti lega lo –*eignen* dell'*Ereignis* e del verbo *ereignen* (accadere) all'aggettivo *eigen* (= proprio) e suoi derivati come *zueignen* (= appropriare) e *enteignen* (= espropriare).[14] In questo modo sostiene la figura dell'*Ereignis* come accadimento del proprio, cioè di quanto riporta l'uomo in ciò che gli è proprio, ma si preserva sottraendosi e quindi mantenendosi nel riserbo (la differenza ente – essere). Ma, secondo il movimento fondamentale della filosofia di Heidegger,

> dimora dell'Essere è il Linguaggio, perché il linguaggio, come Dire originario, è il "modo" dell'*Ereignis*.[15]

Dunque, in quanto questo evento ha natura linguistica, appropriando a sé l'essenza dell'uomo fa sì che l'uomo pervenga al luogo che gli è proprio, sorta di luminosa radura nella quale l'uomo insieme ascolta il Dire originario e risponde a esso. L'appropriazione, in questo senso,

---

[12] M. Heidegger, *Concetti fondamentali della metafisica*, Genova, Il melangolo, 1999, p. 218.
[13] M. Heidegger, "Identità e differenza", in *aut aut*, a. 1982, n. 187-188, p. 13. Intorno al tema dell'*Ereignis* si possono vedere i seguenti testi heideggeriani: *Identità e differenza* (conferenza del 1957), cit.; *In cammino verso il linguaggio* (conferenza del 1959), Milano, Mursia, 1973; *Tempo ed essere*, (conferenza del 1962), Napoli, Guida, 1980.
[14] Cfr. E. Mazzarella nota 24 a p. 120 di M. Heidegger, *Tempo ed Essere*, cit.
[15] M. Heidegger, *In cammino verso il linguaggio*, cit., p. 211.

concede all'essere dell'uomo la libertà di accedere al luogo che è suo, ma solo perché l'uomo – come l'essere che parla, che dice – risponda al Dire originario, valendosi di ciò che gli è proprio.[16]

Ovvero della parola.

L'evento con cui il mondo si apre, anzi con cui il mondo si fa mondo per l'uomo, spazio di comprensibilità e di possibilità, è un evento in cui l'uomo trova ciò che gli è proprio, il suo mondo. Ma questo evento accade nella dimensione della parola, che è propria dell'uomo. Nella sua lingua filosofica, involuta e aggirante, Heidegger dice l'esperienza che qui si cerca di mostrare. E che emerge prepotente nel colloquio filosofico, nel corso del quale si procede appunto facendo affiorare questo movimento che è di per sé proprio dell'umano, ma che esso stesso risulta *appropriato*, perde cioè la naturale trasparenza e facendosi opaco può essere osservato e interrogato: il movimento attraverso cui ci appropriamo dello spazio e del tempo, delle relazioni, delle scelte, dei valori.

2. La ridescrizione

Ho già accennato al fatto che la prospettiva della consulenza filosofica è quella che punta alla *ridescrizione* dell'ospite, cioè a un suo cambiamento inteso come una nuova tessitura della rete delle credenze e dei desideri che lo individualizza.[17] Ma come ciò può accadere?

In primo luogo la ridescrizione si realizza quando emerge un nuovo insieme di atteggiamenti rispetto a condizioni già presenti. È il caso di quei procedimenti logici che si chiamano *inferenza* e *traduzione*, ma è anche il caso in cui, fissate delle *verità locali*, si riesamina la propria biografia e la propria condizione di vita attuale alla luce dei nuovi punti di riferimento (se improvvisamente scopro che il mio punto di riferimento è un'idea di libertà come libertà di scelta, allora riesamino i miei problemi familiari alla luce di questo punto fermo, e scopro ad esempio che certi miei comportamenti improvvisamente riacquistano senso).

[16] Ivi, p. 205.
[17] Seguiamo in parte, in questa argomentazione, le riflessioni di Rorty, *Scritti filosofici*, Roma-Bari Laterza, 1994, vol. I, p. 129 e sgg.

In secondo luogo si ha ridescrizione quando si producono atteggiamenti nei confronti di nuovi valori di verità (rispetto ai quali prima non avevo atteggiamenti di alcun tipo). È il caso di quel procedimenti che chiamiamo dell'*immaginazione* e dell'*apprendimento*. Ove per immaginazione dobbiamo intendere ad esempio i nuovi usi metaforici di vecchie parole, oppure l'invenzione di neologismi, o ancora il collegamento tra testi, concetti ed emozioni mai posti prima in correlazione.

Il processo della ridescrizione determina la trasformazione che appartiene al colloquio filosofico come suo elemento. Ma per comprenderne meglio la dinamica è forse possibile operare una ardito parallelo con la nozione di *paradigma*, elaborata da Hans Kuhn,[18] perché è facilissimo constatarne la straordinaria somiglianza con ciò che accade all'interno della consulenza filosofica.

Seguendo Kuhn, possiamo pensare i *paradigmi* come quelle conquiste conoscitive pienamente riconosciute, ovvero pienamente accolte, appropriate dal singolo il quale, attraverso il suo paradigma (o la sua *visione del mondo* per dirla con Lahav), si dota dello strumento necessario per vedere il mondo, interpretarlo, agire in esso. Il paradigma mi dice come rapportarmi al mondo, e mi fornisce il modello entro cui collocare tanto i miei problemi quanto le possibili soluzioni di essi. Tuttavia nel corso dell'esistenza può capitare che si percepiscano delle *anomalie* nel paradigma, a fronte di fatti rilevanti che accadono, oppure per conseguenza del confronto tra i fatti e la teoria contenuta nel paradigma. E le anomalie possono mettere in crisi il paradigma che può mostrare improvvisamente la sua insufficienza. Si percepisce cioè che qualcosa non funziona. Dalla crisi del paradigma nasce l'esigenza di nuove teorie. In un primo momento si escogitano magari articolazioni e modificazioni parziali alla teoria per far rientrare in essa le anomalie, ma se la crisi non rientra può portare alla necessità di una radicale rielaborazione del paradigma stesso. Così si avvia un momento di transizione che richiede la ricostruzione del campo su nuove basi (la ridescrizione di cui si è detto).

Qui si innesta la necessità, tanto per lo scienziato quanto per il singolo, di una filosofia capace di mettere in questione l'esistenza, perché l'analisi filosofica può fornire gli strumenti razionali per affrontare gli enigmi del

---

[18] Cfr. H. Kuhn, *La struttura delle rivoluzioni scientifiche*, Torino, Einaudi, 1999.

campo. Dal momento che la crisi allenta gli stereotipi e fornisce così dati supplementari per la ricostruzione del paradigma, che vanno però gestiti adeguatamente attraverso *una pratica riflessiva*. La crisi, inoltre, porta a mettere in discussione i fondamenti, e ciò implica la messa in questione del campo dei valori e delle scelte, materia in cui il discorso filosofico è competente. Quando un vecchio paradigma è sostituito con uno nuovo si ha, secondo Kuhn, la *rivoluzione scientifica*; nel nostro caso parliamo di *ridescrizione*. Ma ciò non toglie che tale ridescrizione possa avere il valore di una vera e propria "rivoluzione" quando si rende necessaria una scelta tra forme incompatibili, e le forme incompatibili possono imporsi solo con un atto di forza, perché ogni paradigma è difendibile solo in base a se stesso.

Quando muta il paradigma, muta il mondo stesso insieme a esso. Guidati da un nuovo paradigma, si guarda in nuove direzioni e si adottano nuovi strumenti, e anche gli oggetti familiari appaiono sotto una luce nuova. Sebbene il mondo non cambi per un mutamento di paradigma, l'individuo si ritrova però a vivere in un mondo differente. Non si tratta solo di interpretazioni diverse di una natura immutabile e neutra: un nuovo paradigma rende possibili nuove esperienze (per restare agli esempi di Kuhn, Aristotele *vede* solo corpi che cadono, Galileo *vede* il pendolo, ecc.).

3. Creazione/scoperta

Abbiamo visto come, all'interno del colloquio, si realizzi un movimento di trasformazione che ha varie connotazioni, una delle quali è questa che sto cercando di approfondire: il movimento della ridescrizione, il cambiamento della visione del mondo, la mutazione dei paradigmi che caratterizzano una esistenza. Per comprendere bene questo passaggio è necessario però interrogarsi intorno alle metafore della *creazione* e a quelle della *scoperta*. Vorrei restare su questo tema per approfondirne alcuni aspetti essenziali. E per farlo mi servirò di un altro autore, George Steiner, il quale si è recentemente occupato con ricchezza di elaborazione e infinita vastità di conoscenze proprio di questo tema nell'opera *Grammatiche della creazione*, ove per grammatica egli intende l'organizzazione articolata della percezione, della riflessione e dell'esperienza, i percorsi nervosi della consapevolezza quando comunica con se stessa e con gli altri...[19]

offrendone così una definizione che non si allontana molto da quella di *vocabolario* che abbiamo mediato da Rorty. Certo, c'è uno scarto da una dimensione più immediatamente individuale, quella del vocabolario, a una prospettiva più spostata sul versante della comunità culturale e linguistica, ma non è molto importante per noi che operiamo in entrambi i casi un viraggio forzato verso la specifica dimensione del colloquio filosofico e quindi della singolarità condivisa. In secondo luogo va chiarito che Steiner ragiona intorno a una contrapposizione tra *creazione* e *invenzione* laddove invece Rorty contrappone creazione e *scoperta*. Ma anche su questo, almeno al fine del nostro ragionamento, è possibile trovare un compromesso onorevole.

Il termine "invenzione" (come l'inglese *invention*) deriva dal latino *invenire* che contiene in sé il senso del "trovare". La connessione semantica fra invenzione e scoperta è in questo senso ben chiara, e lo stesso Steiner lo mette in evidenza.[20] D'altra parte lo sfondo di entrambi i termini, ciò che li distingue dalla dimensione creativa, sta nel fatto che essi implicitamente suppongono una pre-esistenza, una realtà che li precede e che li rende possibili: inventare e scoprire sono appunto gesti possibili perché c'è già un mondo alle loro spalle che si tratta nel primo caso di rielaborare, nel secondo di portare alla luce.

Ancora una volta va detto che, al di là delle formulazioni teoriche, è l'uso che ci guida nel distinguere i termini in questione: nessuno direbbe che Dio ha "inventato" o "scoperto" l'universo, né che Picasso abbia "inventato" *Guernica*. Creare infatti non è inventare, non è scoprire. Così egualmente è per noi immediato l'atto mentale con il quale associamo l'inventare alla dimensione della "forma" (si inventano nuovi modelli poetici o nuove soluzioni coloristiche o armoniche, o nuove forme retoriche) e il creare a quella del "contenuto". Per quanto poi sappiamo bene che forma e contenuto non sono affatto separabili, e l'uno dà vita all'altro, e che ogni creazione umana

[19] George Steiner, *Grammatiche della creazione*, Milano, Garzanti, 2003, p.11.
[20] Ivi, p. 103.

avviene in realtà a partire da ciò che esiste, da una tradizione, da un linguaggio, da una grammatica, da un vocabolario collettivo e da uno personale. In questo senso invenzione e creazione sono concetti che tendono a sovrapporsi parzialmente e a confondersi, conservando tuttavia un margine di differenza nel quale dobbiamo entrare. È proprio percorrendo questo margine che Steiner può offrirci una definizione essenziale della creazione come

> una libertà attuata che include ed esprime nella sua incarnazione la presenza di ciò che in essa è assente o di ciò che sarebbe potuto essere radicalmente altro.[21]

In base a questa prospettiva, dunque, l'atto creativo è innanzi tutto un atto di libertà, e in secondo luogo esso conserva, marchiata su di sé, la sua condizione di radicale contingenza, cioè il fatto che avrebbe potuto essere diverso o addirittura non essere affatto. Già qui appare chiara la possibilità di un trasferimento dell'argomentazione nella situazione del colloquio filosofico il quale, ugualmente, si fonda sulla possibilità di un agire libero (cioè non costretto, non determinato rigidamente dalla situazione ambientale o giuridica, o logica o psichica della persona) e da una condizione di contingenza radicale. Tuttavia, se ci atteniamo al campo del linguaggio, il mezzo nel quale il colloquio avviene, comprendiamo facilmente come la libertà del gesto creativo trovi il suo limite nel fatto che ogni creazione (ogni ridescrizione, ogni messa in cantiere di un vocabolario nuovo) non può che realizzarsi sulla pre-esistente potenzialità del linguaggio, cioè della densità storica dei significati, che rende possibile una infinita combinatoria che non ci fa mai uscire dal linguaggio medesimo.

Ma se le cose stanno così, come è possibile *pensare in modo nuovo*? Cioè creare una ridescrizione che renda possibile affrontare diversamente un evento, una fase della vita? Considerata la posta in gioco nel colloquio, l'esistenza stessa, la sofferenza, il disagio, la sua possibilità, si comprende come la domanda contenga in sé una sfumatura drammatica. Ma se in fondo noi operiamo sempre con lo stesso materiale, ci esprimiamo sempre con parole vecchie, entro un campo semantico che ci appartiene e al quale apparteniamo, come possiamo avere la certezza di trovarci di fronte a un *pensiero nuovo*?

---

[21] Ivi,, p. 124.

La necessità di scegliere e utilizzare le metafore della creazione piuttosto che quelle della scoperta o dell'invenzione che abbiamo messo in campo seguendo Rorty e Steiner appare dunque piuttosto come una *pretesa* difficilmente realizzabile, o meglio una *pretesa necessaria* anche se intimamente sappiamo che ogni ridescrizione è soltanto una ulteriore combinatoria del mio vocabolario essenziale. D'altra parte qui si tratta di *usare le metafore della creazione*, non propriamente di *creare*: perché sappiamo che una creazione in senso stretto, cioè assoluta, *ex nihilo*, non è umana, è quella che appartiene soltanto al Dio o al folle. A noi resta la facoltà di imitare quel gesto, usando metafore che lo evochino, anche se sappiamo che la dinamica della creazione nel mondo umano è ben diversa, molto più implicata alla dimensione inventiva e a quella della scoperta. Possiamo, anzi dobbiamo, *ironicamente* porci nelle vesti del creatore quando elaboriamo il nostro nuovo vocabolario per affrontare le difficoltà dell'esistenza.

Questa condizione assomiglia terribilmente a quella che si realizza nel mondo della letteratura, ove noi abbiamo soltanto una serie infinita di variazioni rispetto ad alcuni temi essenziali, la ricerca, il ritorno a casa, l'assedio, la discesa agli inferi... Essa dunque, a dispetto delle proprie esplicite pretese di creatività e originalità, è piuttosto il dominio dell'invenzione (e della scoperta nel senso indicato precedentemente). Ma questo riferimento esemplare alla letteratura ci è ancora utile. Perché è difficile non essere d'accordo con Steiner quando rileva la profonda e insieme sottile congruenza tra l'invenzione letteraria e la natura del *personaggio*, dell'*homo fictus* che essa produce. Di costui, Ulisse o Don Giovanni, Chisciotte o Madame Bovary, ben sappiamo che non ha la stessa consistenza di coloro che ci siedono a fianco in treno; eppure la loro "realtà" può invadere la nostra coscienza con

un impatto visivo e una memorabilità del tutto sproporzionati rispetto a ciò che definiamo "reale" o tangibile.[22]

È un fatto che il personaggio della letteratura possiede un'energia descrittiva, una capacità di presentazione, una identità ben più ampia e realizzata di quelle della maggior parte di noi. Tanto da spingere all'immedesimazione o anche all'imitazione: in età romantica si imitava il Werther di Goethe,

---

[22] Op. cit., p. 152.

oggi più facilmente il personaggio attore o cantante o sportivo (che non è meno "personaggio", si badi, perché nasce e cresce nel dominio para-letterario dei mass media, non nella realtà). Certo, nel momento in cui l'artista, il poeta, lo scrittore dà vita al suo personaggio egli sta mimando l'atto divino della creazione. Ma noi sappiamo che si tratta, appunto, solo di una imitazione.

Ma torniamo nel colloquio filosofico perché è qui che dobbiamo riportare l'esito del nostro percorso. Posto che in esso noi assistiamo a un confronto continuo e necessario tra due diversi atteggiamenti, quello metafisico e quello ironico, e posto, ancora, che vorremmo far prevalere in definitiva l'atteggiamento ironico, abbiamo poi messo in luce come la ridescrizione del proprio vocabolario debba essere intesa più come una creazione che non come un semplice recupero o ricollocazione di elementi già esistenti. Da questo punto di vista va sgomberato il campo da molte ingenue dichiarazioni di appartenenza o di adesione al modello della maieutica socratica, che certo può rappresentare un passaggio utile e interessante nel percorso di un colloquio filosofico che cerca di recuperare tratti di personalità già presenti, ipotesi accantonate, speranze già deluse o frustrate, piani di vita antichi che possano essere rianimati, ma in ciò ha appunto solo un momento, possibile ma non necessario, mentre all'orizzonte non può che esserci la prospettiva di una nuova "creazione".

Certo, ho già fatto osservare come questa pretesa, che sappiamo in fondo non essere assoluta, creazione dal nulla, ma solo parziale, tuttavia deve essere tenuta ben ferma. Simile gesto creativo di ridescrizione del proprio vocabolario si confonde con il gesto attraverso il quale la letteratura elabora il personaggio. Perché questa è la nostra condizione in quanto siamo esseri perennemente esposti agli altri, alla relazione, allo scambio, al confronto, alle dinamiche del riconoscimento, e non possiamo che essere presi dunque da una serie di ruoli attraverso i quali ci presentiamo sulla scena della vita. Senza che nessuno di essi esaurisca la nostra personalità, senza che nessuna nostra immagine possa essere pensata come definitiva, mentre a ogni svolta dell'esistenza dobbiamo essere capaci di riscrivere il nostro copione, di adottare una nuova maschera, di presentarci insieme uguali e diversi.

4. Progettazione

Dalla mia esperienza di filosofo consulente è emersa la centralità della dinamica del progetto nel processo che porta la trasformazione all'interno del colloquio filosofico. Il tema in questione è filosoficamente rilevante; è necessario dunque fare alcune precisazioni per comprendere bene la modalità speciale con cui esso si presenta nella situazione che ci interessa.

In primo luogo bisogna chiarire che lo sfondo entro il quale acquista senso parlare di progetto, a mio modo di vedere e secondo la mia esperienza, è quello che pensa e vive l'essere umano come un essere fondamentalmente dipendente e collocato per natura nel campo della possibilità. Dal primo punto di vista appare l'insufficienza dell'uomo, la sua debolezza rispetto al mondo, e di qui la sua necessità di operare per collocarsi in esso. Coglie molto bene Maria Zambrano:

> L'uomo ha una nascita incompleta e per questo non si è mai adattato a vivere naturalmente e ha avuto bisogno di qualcosa di più: religione, filosofia, arte o scienza. Non è nato né cresciuto interamente per questo mondo perché non si incastra perfettamente in esso, e sembra che niente sia predisposto per lui; la sua nascita è incompleta e così il mondo che lo aspetta. Deve dunque finire di nascere interamente e crearsi il proprio mondo, il proprio posto, il proprio luogo e la realtà che lo ospita.[23]

È questa condizione di incompletezza, l'essere cioè *un animale non stabilizzato* come afferma Nietzsche, che gli impongono di progettare il mondo, cioè di rivolgersi a esso come al campo delle possibilità. Il progettare si rivela allora non un gesto come tanti altri propri dell'uomo, ma qualcosa di più, come un connotato dell'essere uomo, cui egli non può abdicare. Come dice benissimo Emilio Baccarini:

> Progettare non è solo etimologicamente "gettare davanti" a sé, ma anche indice di una struttura protensiva che abita originariamente l'uomo a cui non è concesso di "stare" o di "tornare indietro".[24]

---

[23] M. Zambrano, *Verso un sapere dell'anima*, Milano, Cortina, 1996, p. 91.
[24] E. Baccarini, *La soggettività dialogica*, Roma, Aracne, 2002, p. 224.

Viviamo dunque in un mondo di possibilità. All'interno di esso abbiamo bisogno per muoverci di elaborare costantemente il nostro progetto. Heidegger è il filosofo che ha dato dignità a questo termine e per primo lo ha pensato come struttura esistenziale dell'Esserci, intendendo con questo che "l'Esserci, in quanto gettato, è gettato nel modo di essere del progettare".[25] Perché l'uomo si trova a vivere in un campo di possibilità che in parte il destino ha stabilito per lui, appartiene infatti a un tempo e a uno spazio, a una condizione non modificabili, che in parte egli stesso determina con le sue scelte. Ma per stare in questo campo di possibilità, mutevoli o insuperabili, egli deve continuamente gettarsi verso di esse, deve cioè progettare.

È facile purtroppo confondere questo movimento con quello per cui si tratta talvolta di escogitare delle soluzioni attraverso dei piani, è facile dare del progetto una lettura semplificante, di natura sostanzialmente strategico-militare: di fronte alle difficoltà o agli obiettivi pianifico dei comportamenti idonei. Ma il progetto non è questo se non in una minima parte. Ben prima e ben di più il progetto è un atteggiamento che appartiene all'uomo per quanto esso si rapporta alle possibilità, cioè per quanto esso si rapporta al mondo stesso, e fa i conti con il proprio essere nel mondo, in un tempo, in uno spazio, in una rete di relazioni. Il progetto è il modo in cui l'uomo entra nel campo delle sue possibilità.

> In virtù del modo di essere costituito da quell'esistenziale che è il progetto, l'Esserci è costantemente "più" di quanto di fatto sarebbe qualora potesse o volesse prendersi in esame come semplice-presenza.

L'essere costitutivamente progetto dell'uomo è ciò che lo fa sporgere sempre verso l'altro, verso il mondo; è quel supplemento d'essere che tiene l'uomo nella dimensione del non ancora realizzato, e che gli dà l'occasione di realizzarsi, di trasformarsi, di essere costantemente in divenire. È ciò che lo porta a dire a se stesso: *Divieni ciò che sei!* E che gli impone di comprendere e interpretare ciò che lo circonda per fare chiarezza sul possibile che ha di fronte e sul progetto che lo intese.

---

[25] Cfr. per questa e per le citazioni immediatamente seguenti M. Heidegger, *Essere e tempo*, Torino, Utet, 1978, prf. 31.

Questo oltrepassamento della semplice presenza dell'uomo verso il campo delle sua possibilità porta in sé la dimensione della libertà, come un presupposto. L'uomo è libero perché agisce progettualmente sulle possibilità che lo circondano.

> Solo la libertà può far sì che per l'Esserci un mondo sussista e si faccia mondo. Il mondo non *è*, ma si fa mondo.[26]

L'uomo, cioè l'Esserci, è dunque un formatore di mondo. E il progetto non è tanto la sequenza delle azioni che lo realizzano, quanto l'unità di una azione in quanto movimento verso il possibile, e dunque presa d'atto di tutti i limiti, i vincoli che la realtà impone, poiché "ogni possibilità porta con sé il suo *limite*".[27] In questo gioco del possibile e dei suoi limiti, acquista presenza il mondo:

> Nell'accadere del progetto si forma mondo, cioè, nel progettare, qualcosa sboccia e si schiude a possibilità, e irrompe così nel reale in quanto tale, per sperimentare se stesso come sprofondato – in quanto realmente essente – nel mezzo di ciò che ora può essere manifesto in quanto ente.[28]

L'esistenzialismo muove da queste riflessioni senza sostanzialmente modificarle, anche se in Sartre l'accento cade piuttosto sulla radicalità e l'assurdità costitutiva della scelta. Un po' enfaticamente egli afferma che

> l'uomo è, dapprima, un progetto che vive se stesso soggettivamente, invece di essere muschio, putridume o cavolfiore; niente esiste prima di questo progetto; niente esiste nel cielo intelligibile; l'uomo sarà anzitutto quello che avrà progettato di essere. Non quello che vorrà essere.[29]

Bisogna infatti distinguere, per Sartre, la scelta come semplice atto di volontà che può indirizzarsi verso qualsiasi elemento del mondo, e la scelta in quanto assunzione di responsabilità verso il proprio essere. Ogni scelta volontaria che compio quotidianamente è di già resa possibile da una scelta

[26] M. Heidegger, *L'essenza del fondamento*, Torino, Utet, 1978, p. 666.
[27] M. Heidegger, *Concetti fondamentali della metafisica*, cit., p. 466.
[28] Ivi, p. 468.
[29] J.-P. Sartre, *L'esistenzialismo è un umanesimo*, Milano, Mursia, 1978, p. 51.

preliminare, il *progetto fondamentale* che non concerne i rapporti con questo o quell'aspetto del mondo, ma "il mio essere-nel-mondo totale",[30] che però non è un dato statico ma piuttosto un fluido continuo riprogettarsi:

> Il progetto per essere deve essere costantemente rinnovato. Io mi scelgo continuamente e non posso mai essere a titolo di essendo-stato-scelto, altrimenti ricadrei nella pura e semplice esistenza dell'in-sé.[31]

Ma questo gesto essenziale e continuamente ripetuto dello scegliersi, secondo Sartre, non ha fondamento alcuno, e quindi permane in uno stato costante di ingiustificabilità. Tale per cui egli lo definisce come un *assurdo*.

Mostrerò che dalla prospettiva della consulenza filosofica ciò che Sartre definisce l'assurdo dell'esistenza non ha ragione d'essere. Prima, però, è opportuno secondo me fare ancora un tratto di strada in compagnia di alcuni filosofi che hanno riflettuto sul tema del progetto, per rispondere anticipatamente ad alcune obiezioni immediate che talvolta vengono dall'ospite stesso, che pur non conoscendo le problematiche in questione si fa comunque testimone di un luogo comune della nostra cultura, che tende a ridurre il progetto a un *piano razionale efficace*. E in questo si trova adeguatamente sostenuto da un pensatore del calibro di John Rawls, secondo il quale

> possiamo pensare che una persona sia felice quando è avviata verso l'esecuzione riuscita (più o meno) di un piano razionale di vita concepito in condizioni (più o meno) favorevoli, e ragionevolmente fiduciosa di vedere il suo piano portato a termine.[32]

Naturalmente il piano di vita va pensato in modo adeguato, cioè sulla base di due condizioni essenziali: la prima stabilisce che il piano non è mai completo perché si completa mano a mano che si acquisiscono maggiori informazioni, e quindi si procede per piani sovrapposti, via via sotto il piano generale vengono inseriti piani più specifici; la seconda condizione prevede

---

[30] J.-P. Sartre, *L'essere e il nulla*, Milano, Il Saggiatore, 1965, p. 580.
[31] Ivi, p. 581.
[32] J. Rawls, *Una teoria della giustizia*, Milano, Feltrinelli, 2008, p. 389. Si veda l'intero prf. 63, pp. 388-395.

che ogni piano risponda a una gerarchia di desideri che si specificano e dettagliano un po' alla volta.

Secondo Rawls il modello di razionalità in base al quale si determinano i singoli piani risponde innanzi tutto ad alcuni principi:

1. il principio dei mezzi efficaci: si sceglie l'alternativa che raggiunge lo scopo nel modo migliore;
2. il principio dell'inclusività: un piano è preferibile a un altro se contiene gli obiettivi desiderati dell'altro piano più qualche altro;
3. il principio della maggiore probabilità: scelgo gli obiettivi che è più probabile raggiungere;
4. il principio del rinvio: nel decidere posso rinviare fino a che non avrò tutti i dati necessari;
5. il principio di continuità: ciò che faccio prima influenza ciò che faccio dopo.

Rawls precisa che questo processo di elaborazione di un piano razionale di vita non è un evento occasionale o eccezionale, ma è di fatto una dinamica che realizziamo sempre, anche se non sempre in modo adeguato:

> In ogni determinato momento le persone razionali decidono tra diversi piani di azione alla luce della situazione e delle credenze proprie, tutto ciò in concomitanza con i principali desideri presenti e con i principi di scelta razionale.[33]

La scelta è legata, dunque, a quello che Rawls chiama "razionalità deliberativa"[34] e che così definisce:

> È il piano in base al quale verrebbero prese decisioni come risultato di una riflessione ponderata, con cui l'agente riesamina, alla luce di tutti i fatti rilevanti, le conseguenze dell'esecuzione di questi piani e quindi verifica il corso di azione che realizzerebbe nel modo migliore i suoi desideri fondamentali.[35]

---

[33] Ivi, p. 395.
[34] Ivi, cfr il prf. 64.
[35] Ivi, p. 396.

Non c'è dubbio che nello svolgimento del colloquio filosofico questo quadro operativo risulta assai utile: in ogni momento in cui si tratta di mettere a tema un piano d'azione, un progetto articolato, offre infatti le coordinate entro cui è possibile pensarlo in modo ragionevolmente efficace. La posizione di Rawls, d'altra parte, è quella di chi individua, fedele in questo al senso comune del nostro tempo, il bene per la persona nella sua capacità di elaborare piani di vita in base alla *razionalità deliberativa* che fa uso di una ragione capace di ponderare adeguatamente, esaminare tutti i fatti rilevanti, tenere conto delle conseguenze dei singoli piani, verificare il corso d'azione che ne deriva in funzione dei desideri. Ora, se certo una simile potenzialità è auspicabile e individuabile come punto di riferimento nel colloquio, appare altresì evidente che essa sembra più una rara e perfetta macchina da guerra che una facoltà uniformemente distribuita fra gli uomini. Noi tutti abbiamo esperienza del fatto che i nostri piani di vita non sono mai realizzati interamente in questo modo, e che il difetto costruttivo non discende solo dalla nostra debolezza, dalle nostre incertezze, ma è costitutivo del nostro modo di operare.

Da questo punto di vista e, lo ripeto, dopo aver ben chiarito l'utilità pratico-operativa di questa inquadratura del progetto, secondo me ha molte ragioni Charles Larmore[36] quando prova a smontare il criterio della razionalità deliberativa come fondamento dell'elaborazione del progetto, alla luce del fatto che l'imprevedibilità degli eventi non può che sbriciolare ogni pretesa normativa della razionalità. Tuttavia Larmore finisce per respingere non solo il criterio razionale per la realizzazione del progetto, ma il progetto stesso. E qui allora è bene fare qualche ulteriore precisazione.

Larmore, infatti, fa notare che il piano di vita, cioè il progetto, non può certamente avere la pretesa di stabilire a priori l'intero svolgimento di una esistenza. Innanzi tutto perché questo pur legittimo desiderio, fondato sul fatto che la nostra vita è troppo importante per lasciarla in balia del caso, per non esserne padroni, appare del tutto inadeguato nella misura in cui trascura l'effetto dell'esperienza, che fa mutare continuamente ciò che ci sembra più prezioso e auspicabile per la nostra vita, rendendo così, di fatto, improponibile un progetto stabile e definito.

[36] Cfr. C. Larmore, *Pratiche dell'io*, Roma, Meltemi, 2006.

L'esperienza infatti deve fare i conti con l'imprevedibile casualità degli eventi, e può farlo soltanto se riesce ad aprirsi alle sorprese della vita; come dice Larmore, "viviamo bene quando non siamo semplicemente attivi, ma anche passivi".[37] Perché talvolta l'imprevisto (se accolto e non solo subito) può aprire orizzonti nuovi e nuove forma di felicità che possono cambiare radicalmente la nostra concezione di noi stessi. Ciò in definitiva significa che nella realizzazione del piano di vita bisogna saper tenere conto di questo fattore imprevisto, perché, come giustamente sottolinea Larmore,

> il pieno sviluppo umano comprende non solo il bene anticipato che si riesce a raggiungere, ma anche il bene imprevisto che capita quando non lo si attende.[38]

Tuttavia, ancora, questo non significa che si debba rinunciare al progetto, come pensa Larmore, il quale non comprende il punto chiave, e cioè *la natura filosofica del progetto*, ovvero il suo essere soggetto a continua messa in questione: il progetto non è un piano di vita definito e stabile, né una solida pianificazione razionale, ma un organismo in continua crescita che si compone con la pratica dell'interrogazione e della messa sotto esame che l'individuo realizza. È necessario cioè che il progetto, nella sua costituzione, non si serva esclusivamente della ragione calcolante e anticipatrice, ma anche di quella ragione più debole, la *ragione leggera* di cui ho già parlato, che è consapevole della natura locale dei valori che la informano. Nel progettare dunque si manipolano valori locali in funzione di obiettivi altrettanto legati al tempo e allo spazio e alla situazione, e si realizza quel gesto filosofico che è prima di tutto il passo indietro che rende possibile l'interrogazione continua e la continua messa sotto esame.

È necessario dunque liberare il progetto da una dipendenza asfissiante dal modello di razionalità forte oggi prevalente, e ridimensionarlo alla contingenza dell'esistenza, relativizzandolo, anzi "localizzandolo" nel senso in cui io uso questo termine. Allora ci si può rendere conto che noi *agiamo per progetti*, su piani diversi, a lungo termine, a breve termine, a brevissimo, non sempre e non necessariamente razionali nel senso stretto della parola, talvolta purtroppo anche autolesionistici e assai poco esaminati. La singola

---

[37] Ivi, p. 206.
[38] Ivi, p. 217.

azione è di già progetto (cioè anticipazione, attesa di effetti sulla base di condizioni, analisi della situazione e della nostra collocazione in essa, possibilità di modificare lo stato di cose ecc.), e ogni singola azione umana si innesta in un'altra più ampia, così come il singolo progetto di afferrare il bicchiere appartiene al progetto globale di garantire la mia sopravvivenza (o di accorciarla, dipende da cosa bevo...). Il colloquio filosofico introduce l'elemento della interrogazione, della messa in questione del nostro progetto, non lo inventa, lo forza in senso filosofico.

Affidarsi soltanto alla ragione deliberativa con l'illusione di costruire un piano di vita razionale può essere anche utile e costruttivo, ma nella maggior parte dei casi è solo un miraggio; di fatto la razionalità così invocata finisce per ridursi a una forma attualizzata di "prudenza", cioè di attenta gestione degli affari di famiglia. A questa riduzione si deve opporre la nostra capacità di affrontare l'imprevisto, l'inatteso. E solo la saggezza, in questo senso, può metterci in condizione di affrontare la continua imprevedibile mutevolezza dell'esistenza. L'esperienza ci mostra dunque che abbiamo bisogno di progetti per tenere la nostra vita in carreggiata, per trovare l'orientamento, ma al contempo essi devono essere sempre sottoposti a interrogazione, cioè messi sotto esame. Per questo è essenziale acquisire un'attitudine filosofica che corrisponde a ciò che tradizionalmente è stato nominato come "saggezza".

> Se vogliamo vivere nella verità dobbiamo disfarci dell'illusione che il nostro pieno sviluppo potrebbe essere oggetto di un piano razionale. La saggezza consiste nel riconoscere che il nostro bene è sempre in divenire e prende forma solo in quanto viviamo e ci esponiamo ai casi della vita.[39]

Ma possiamo esporci ai casi della vita senza essere travolti da essa solo se sappiamo guidare il nostro progetto di vita, nel suo continuo adattarsi alla realtà. Un adattamento non insensato, per replicare a Sartre, ma impegnato momento per momento, gesto dopo gesto, a perseguire certe possibilità piuttosto che altre, a modificare le prospettive e quindi le vie che si intraprendono in funzione degli eventi nei quali si è coinvolti. In questo modo la progettazione è una continua apertura di *nuovi scenari* nei quali mettiamo alla prova prospettive alternative, altre possibilità dell'esistenza.

---

[39] Ivi, p. 277.

5. Definizione dei ruoli

Ciò che la consulenza filosofica mette in discussione non è semplicemente il riflesso astratto della relazione, ovvero la conseguenza della relazione nel chiuso dell'interiorità individuale, come se si potesse operare solo su immagini private di realtà. La consulenza filosofica, viceversa, agisce su ciò che si scambia e si condivide. Non agisce sulla testa dell'individuo né sulla sua anima, ma su quello spazio dell'individuale ove l'uno diventa molteplice, cioè su quel tessuto di relazioni che costituisce l'individuale, e non semplicemente su quella specie di buco nero che starebbe dentro l'uomo (quello in cui di solito cerca di guardare lo psicologo o l'analista). Da questo punto di vista allora è evidente che la consulenza filosofica non lavora sulle relazioni avulse dalla loro realtà, cioè astratte.

> In ogni rapporto umano deve pure essere in gioco qualcosa di più del semplice godimento reciproco. Si deve cioè fruire qualcosa che proviene dal rapporto che l'altro intrattiene con il mondo e non dalla sua pura "ipseità" (qualunque cosa questo possa significare). Se si deve avere un mondo già al fine di essere un "sé" per se stessi, tanto più occorrerà averne per gli altri.[40]

Ha ragione allora Jonas a ironizzare sulla prospettiva di una società utopica liberata dal lavoro e tutta volta a farsi carico del tempo libero dell'uomo e di ciò che allora gli resterebbe: le sue preoccupazioni per i rapporti interumani, immaginando una schiera di funzionari di stato addetti alla cura dell'anima.[41] Ben diverso deve essere il punto di vista della consulenza filosofica, proprio perché uno dei meccanismi principali della trasformazione cui essa dà luogo è proprio la messa a tema della condizione relazionale. Certo chiarire di cosa si tratti andrebbe ben oltre l'obiettivo di questo lavoro, quindi mi limito a indicarne il passaggio fondamentale.

In primo luogo dobbiamo riflettere sulla condizione di esposizione che ci appartiene: siamo esposti, siamo in relazione. Siamo esposti, dunque, e non possiamo non esserlo, fin dall'istante in cui si nasce. Siamo esposti all'altro, sempre, e dunque l'esposizione è di già, e nello stesso momento, una

---

[40] H. Jonas, *Il principio responsabilità. Un'etica per la civiltà tecnologica*, Torino, Einaudi, 2002, p. 268.
[41] Cfr. Ivi, pp. 267-268.

relazione. Se la nostra condizione originaria è di essere esposti, ciò comporta nello stesso tempo che parte della nostra condizione è di essere in relazione con gli altri. Visto dall'altra parte, potremmo dire che uno dei luoghi della relazione è l'esposizione, non il solo, certo, ma anche: non uno qualsiasi, quanto uno essenziale, eminente! Non poter non essere esposti è questo il primo luogo della relazione che ci costituisce. Noi siamo sempre sulla scena. Se fossimo davvero consapevoli della nostra condizione esposta avremmo forse un diverso rapporto con i valori comuni della convivenza. Se fossimo davvero consapevoli della nostra condizione esposta avremmo cognizione del fatto che la nostra esistenza avviene su una scena comune.

La condizione di esposizione è il primo vincolo sulla scena della nostra esistenza comune. Nel saperci esposti si colloca la nostra azione di fronte agli altri e in rapporto a loro: ciò che facciamo si vede, ha degli effetti, ha delle conseguenze, contribuisce comunque a costruire un contesto entro cui si collocano anche le azioni di tutti gli altri. Non possiamo rifugiarci nella presunzione che ciò che facciamo valga solo per noi, che sia un agire privato di cui porteremmo noi soli la responsabilità, una responsabilità privata, della quale risponderemmo solo di fronte alla nostra coscienza. In realtà la nostra responsabilità privata, che pure è ben presente, non è mai cieca, ma è sempre esposta al giudizio e alla responsabilità altrui. Essere sulla scena significa, dunque, essere legati da un tessuto di relazioni che possiamo indicare con la metafora visiva dell'esposizione, in cui ogni nostro movimento muove tutta la rete, e con essa determiniamo il movimento di ogni altro elemento a essa collegato; ogni nostro gesto, ogni nostra parola, ogni nostra scelta sono costantemente un tirare gli altri per le braccia, uno spostare, un farsi spazio, un occupare la scena con la propria battuta, uno scambiarsi battute l'uno con l'altro.[42]

Ma, ancora, essere esposti significa avere un'immagine. Noi tutti siamo prima di tutto un nome che ci identifica, ma allo stesso tempo siamo, da sempre, anche un'immagine, una forma, un contorno, un viso, un corpo, un colore di capelli, un'altezza, una sottigliezza di labbra, un peso; siamo una determinazione abbastanza chiaramente distinta, e infatti i casi rari di somi-

[42] Il tema della vita come rappresentazione e la complessa articolazione dei ruoli e dei personaggi è magistralmente indagata dalle opere di Erving Goffman cui rimando; in particolare, *La vita quotidiana come rappresentazione*, Bologna, Il Mulino, 1969.

glianza ci disturbano non poco, ci lasciano stupiti, due gemelli omozigoti non cessano di lasciarci felicemente sorpresi e anche un po' sgomenti.

In quanto esseri costitutivamente esposti siamo anche in ogni momento una *maschera* di fronte ad altri. Il nostro essere *persone* coincide con l'essere immagini su una scena: in ogni fase della nostra esistenza siamo figli o genitori, siamo mariti o amanti, siamo lavoratori o disoccupati, siamo padroni o servi, siamo operai o contadini, siamo giovani o vecchi. Abbiamo molte maschere sempre disponibili che estraiamo a seconda del momento, dell'opportunità, della situazione, del pubblico… Ciò significa avere dei *ruoli*, che non è una versione ridotta o menzognera della nostra presenza ma una necessità: in quanto animali sociali ed esposti ci presentiamo agli altri a partire dai nostri ruoli, e questi non sono né stabili né definitivi, anzi spesso, nella consulenza filosofica, emerge proprio la necessità di revisionare i nostri ruoli, rivederli, precisarli, o anche solo prenderne consapevolezza, e spesso è la cosa più difficile. Oppure di assumerne di nuovi. Per questo uno dei meccanismi della trasformazione cui aspira il colloquio filosofico è proprio questa ridefinizione dei ruoli.

6. L'equilibrio

Lo scopo di molte nostre attività e anche di molte pratiche terapeutiche è quello di recuperare un equilibrio perduto, di "ristabilire l'equilibrio turbato" come dice Gadamer,[43] ovvero di restaurare uno stato di armonia originaria messo in crisi da un difetto di sviluppo; dietro questo obiettivo vi è l'idea implicita che l'armonico e l'equilibrato siano qualitativamente migliori del disarmonico e dello squilibrato. E dietro questa convinzione vi è la stessa presunzione che Galileo imputava agli aristotelici: preferire l'immobile, l'immutabile, l'eterno, il divino per la paura della mortalità, senza rendersi conto che essere immortali significherebbe non venire al mondo, che essere trasformati in diamante, così puro e perfetto, sarebbe soltanto come una condanna.[44]

---

[43] H. G. Gadamer, *Dove si nasconde la salute*, Milano, Cortina, 1994, p. 44.
[44] Cfr. Galileo Galilei, *Dialogo sopra i due massimi sistemi*, Pordenone, Studio Tesi, 1988, Giornata prima, pp. 74-75.

Da questa prospettiva l'equilibrio appare come un'ambizione un po' irreale e un po' assurda, o un mito nel senso della retorica *new age*. Ora, per quanto la consulenza filosofica non sia in alcun modo una pratica terapeutica, è innegabile che essa abbia, nelle aspettative del consultante, un obiettivo non dissimile: quello di restaurare un equilibrio turbato. E allora si mostra particolarmente azzeccata l'osservazione di Gadamer, il quale fa notare che nella maggior parte dei casi tutto lo sforzo che facciamo per trovare l'equilibrio stesso a un certo punto si rivela superfluo; nel momento in cui l'equilibrio si realizza, in quel momento esatto ci si rende conto che non è tanto lo sforzo di un medico (o di un consulente, o lo sforzo congiunto di un filosofo e di un ospite) a determinare l'equilibrio, che consiste piuttosto in un *autoequilibrarsi* quasi naturale:

> come nell'esperienza del bilanciamento, lo sforzo paradossalmente è destinato ad allentarsi al fine di permettere l'instaurarsi dell'equilibrio.[45]

Si tratta allora, in primo luogo, di "assestare l'equilibrio precario già esistente".[46] Gadamer fa l'esempio di un equilibrio come alternanza continua di sforzo e di sollievo, come accade quando andiamo in bicicletta:

> Quando da bambino tentavo di pedalare su due ruote, ho sperimentato come, appena si riesce, tutto appare sorprendentemente molto, molto più facile di prima, allorché con grande sforzo ci si aggrappava affannosamente al manubrio. Tutti conoscono tale esperienza, io comunque non l'ho dimenticata. All'im- provviso si ottiene l'equilibrio e tutto va da sé – infatti in seguito si vedono i ragazzi sfrecciare in bicicletta con le braccia incrociate. Questa immagine deve chiarire che, evidentemente, una mobile successione di sforzo e di sollievo è propria delle normali condizioni dell'uomo.[47]

Con la precisazione che se tutto va bene nel campo della salute non è invece sufficiente in quello dell'esistenza: la consulenza filosofica può pas- sare attraverso questa fase di restauro dell'equilibrio precedente e quindi di "rafforzamento dei fattori che costituiscono la condizione di stabilità",[48] ma

---

[45] H. G. Gadamer, Dove si nasconde la salute, cit., p. 45.
[46] *Ibidem*.
[47] Ivi, p. 170.
[48] Ivi, p. 46.

deve anche puntare, per quanto possibile, alla realizzazione di un equilibrio a livello superiore; non può cioè accontentarsi di rimettere le cose in ordine, di rimetterle com'erano prima, ma deve puntare a una messa in discussione del proprio progetto di vita.

Si tratta dunque di tornare a essere padroni del proprio movimento, di avere consapevolezza di essere in un percorso che prevede sbandamenti controllati; bisogna imparare, per restare in questa metafora, a dondolare, a vivere come il funambolo, cioè conservando l'equilibrio attraverso un lavoro continuo di aggiustamenti, realizzando un apparente immobilità attraverso un movimento inarrestabile. Senza paura di cadere. Come racconta un vero funambolo:

> Prigionieri di un brandello di spazio, combattere allo stremo delle forze misteriosi elementi: l'assenza di materia, l'odore dell'equilibrio, la vertigine dai lati molteplici e il cupo desiderio di ritornare a terra, tutto questo sarà schiacciante. Tale vertigine è il dramma della danza sul filo, ma di quello non ho paura.[49]

---

[49] P. Petit, *Trattato di funambolismo*, Milano, Ponte alle Grazie, 2009, p. 110.

QUADRO 6
I meccanismi della trasformazione nel colloquio filosofico

Appropriazione

Ridescrizione

Creazione/scoperta

Progettazione

Definizione dei ruoli

Equilibrio

VII. Congedo
Una conclusione personale e provvisoria

Vorrei concludere tornando a un testo eminente e autorevole che pare una invettiva *ante litteram* contro la consulenza filosofica, ma che io vorrei ne divenisse piuttosto la bandiera. Alludo allo storico invito di Kant a uscire dalla condizione di minorità, un invito che non ha perso di attualità ma anzi pare riattualizzarsi proprio oggi, e proporsi come obiettivo critico di fronte alle moderne società occidentali e alla loro evoluzione attuale.

Non ci sfugge, però, che la definizione kantiana di *minorità* come "incapacità di valersi del proprio intelletto senza la guida di un altro"[1] sembra poter essere usata proprio contro ogni forma del colloquio filosofico, oltre che contro tutte le forme di sostituzione dell'attività del pensiero personale:

> Se io ho un libro che pensa per me, se ho un direttore spirituale che ha coscienza per me, se ho un medico che decide per me sul regime che mi conviene ecc., io non ho più bisogno di darmi pensiero da me.[2]

Da questo punto di vista il lavoro del filosofo consulente *potrebbe* essere confuso con quello di chi prende il posto del libero pensiero e lo cancella, cancellando in questo modo la stessa libertà dell'uomo e operando, volontariamente o meno, per conservarlo in una condizione di minorità, in una eterna fanciullezza obbediente e irresponsabile. Ma non è così. Mi piacerebbe anzi che questo testo fosse assunto a manifesto di una consulenza filosofica

---

[1] I. Kant, *Risposta alla domanda: che cos'è l'illuminismo?* in *Scritti politici*, Milano, Mondadori, 2009, p.141.
[2] *Ibidem.*

a sua volta consapevole dei rischi che corrono tutte le forme di accompagnamento alla vita dell'uomo, e quindi matura abbastanza da poter assumere l'ideale kantiano come il proprio: il lavoro del filosofo consulente non è e non può essere quello di sostituirsi al bisogno di pensare dell'altro individuo, ma può e deve essere quello di suscitare quel pensiero autentico, quel pensare appropriato come ho cercato di spiegare nelle pagine precedenti. Appropriato è appunto il pensiero che ognuno di noi fa proprio, assume su di sé come propria immagine autentica, come coerenza rispetto agli altri, come assunzione di responsabilità.

Oggi l'uomo sembra precipitare nuovamente in una condizione di minorità, condotto per mano da mille istituzioni pervasive che lo vogliono educare, curare, spiegare, rassicurare, confermare. L'uomo d'oggi ha perso il desiderio di affrancarsi perché non ne percepisce la necessità, convinto com'è di essere padrone di se stesso, e ignaro di essere stato, invece, fatto schiavo dall'Apparato tecnico mediatico. La filosofia, a sua volta, si trova a un bivio (e non è la prima volta): da una parte accettare questa condizione e proporsi come una agenzia ulteriore fra quelle che possono rassicurare l'uomo fornendogli buone ragioni per essere com'è (per accettare, per obbedire); oppure svincolarsi da queste pastoie e tornare a essere (come è stata già altre volte nella Storia) l'agenzia critica che rompe l'ipocrisia, che smantella le certezze e le sicurezze fasulle, che torna a pensare e lavora per questo: per far tornare ognuno di noi alla esigenza del pensiero, di un pensiero appropriato. Cioè una assunzione di valori, punti di riferimento, modi di vita che non hanno la presunzione di dare soluzione privata a problemi collettivi, ma piuttosto, al contrario, operano per portare alla dimensione della collettività i disagi personali e individuali.

Non è lavoro facile, lo osservava a suo tempo anche Kant, ma è un lavoro necessario e urgente se vogliamo salvare noi stessi dal declino di umanità che si profila all'orizzonte. E la filosofia in quanto pratica dialogica può dare un contributo significativo.

Bibliografia

A) Bibliografia inerente la pratica e la consulenza filosofica

Achenbach G.:
- *La consulenza filosofica*, Milano, Apogeo, 2005
- *Saper vivere. Per una vita piena di significato e di valore*, Milano, Apogeo, 2006
- *Del giusto nel falso. Percorsi della capacità di saper vivere*, Milano, Apogeo, 2008
- *Il libro dell'amore. L'amore la risposta, ma quel è la domanda?*, Milano, Apogeo, 2009

Amir L., "How can Philosophy Benefit from Philosophical Practice?" in *Practical Philosophy*, vol. 9.2, July 2008, pp. 3-12

Balistreri A., *Prendersi cura di se stessi*, Milano, Apogeo, 2006

Barrientos Rastrojo J., "L'insurrezione del poietico nella consulenza filosofica", in *Phronesis*, a. II, n. 2, aprile 2004

Basili C., "Il filosofo e la consulenza filosofica", in AA.VV., *Filosofia praticata. Su consulenza filosofica e dintorni*, Trapani, Di Girolamo, 2008, pp. 49-58

Bernardi W., Massaro D. (a cura di), *La filosofia come cura per la vita*, Milano, Christian Marinotti Edizioni, 2007

Berra L.:
- *Oltre il senso della vita*, Milano, Apogeo, 2006
- *La meditazione metafisica. Manuale di pratica filosofica*, Torino, Istipp edizioni, 2008

Berra L., D'Angelo M. (a cura di), *Counseling filosofico e ricerca di senso. Pratiche filosofiche per le persone, i gruppi, le organizzazioni*, Napoli, Liguori, 2008

Berra L., Peretti A., *Filosofia in pratica. Discorsi sul counseling filosofico*, Torino, Libreria Stampatori, 2003

Bijelic V., *Parole prospettive e cambiamento*, Genova, Cieffepi-Erga, 2008

Brancaleone F., Buffardi G., Traversa G., *Helping. Le professioni d'aiuto, dall'antropologia esistenziale alla consulenza filosofica*, San Felice a Castello (CE), Melagrana, 2008

Brenifier O.:
- "Filosofando con le antinomie", in *Pratiche filosofiche*, a. III, n. 5, aprile 2005, pp. 39-48
- "Intervista" a cura di G. Giacometti, in *Phronesis* – Semestrale di filosofia, consulenza e pratiche filosofiche, a. IX, n.16, 2011, Ipoc, Milano, pp. 47-62

Brentari C., Madera R., Natoli S., Tarca L. V. (a cura di), *Pratiche filosofiche e cura di sé*, Milano, Bruno Mondadori, 2006

Cattorini P., *Bioetica clinica e consulenza filosofica*, Milano, Apogeo, 2008

Cavadi A.:
- *Quando sta male chi è sano di mente*, Soveria Mannelli, Rubbettino, 2003
- "Pratiche filosofiche in contesto ludico-spirituale", in AA.VV., *Filosofia praticata. Su consulenza filosofica e dintorni*, Trapani, Di Girolamo, 2008, pp. 123-134
- *Filosofia di strada*, Trapani, Di Girolamo, 2010

Cavallè M.:
- "La consulenza filosofica e le emozioni: un'applicazione degli insegnamenti di Epitteto", in *Phronesis* – Semestrale di filosofia, consulenza e pratiche filosofiche, 5, 2007, 8, pp. 41-66
- "Sapiential Philosophy: My approach to Philosophical Counselling", in *Practical Philosophy*, vol. 9.2, July 2008, pp. 88-90

Cecchinato F., "La filosofia e il management delle organizzazioni", in *Phronesis* – Semestrale di filosofia, consulenza e pratiche filosofiche, a. II, n. 3, 2004, pp. 21-104

Cervari P., Pollastri N., *Il filosofo in azienda. Pratiche filosofiche nelle organizzazioni*, Milano, Apogeo, 2010

Cohen E. D.:
- "Il processo della logic-based therapy: un approccio alla consulenza filosofica", in *Pratiche filosofiche*, a.1, n.2, ottobre 2003, pp. 48-58

- "Relieving Your can't-stipation: some potent philosophical edemas", in *Practical Philosophy*, vol. 9.2, July 2008, pp. 45-53

Contesini S., "Una lettura delle pratiche a partire dal concetto di 'pratica' in Carlo Sini. Le pratiche filosofiche e il 'conosci te stesso'", in *Discipline Filosofiche*, a. XV, 2005, n.1, pp. 55-78

Contesini S., Frega R., Ruffini C., Tomelleri S., *Fare cose con la filosofia*, Milano, Apogeo, 2005

Contesini S., Zamarchi E., *Sensibilità filosofica*, Milano, Apogeo, 2009

Cosentino A.:
- (a cura di), *Filosofia e formazione. Dieci anni di Philosophy for Children in Italia*, Napoli, Liguori, 2002
- *Filosofia come pratica sociale*, Milano, Apogeo, 2009

Crugnola V., "*Ars moriendi*. Quindici esercizi di pratica filosofica", in *Pratiche filosofiche*, a. II, n. 4, ottobre 2004, pp. 63-80

Curnow, Trevor (Editor), *Thinking Through Dialogue. Essays on Philosophy in Practice*, Practical Philosophy Press, Oxted, 2001

Dal Lago A., *Il business del pensiero. La consulenza filosofica tra cura di sé e terapia degli altri*, Roma, Manifestolibri, 2007

Dipalo F.:
- "Consulenza filosofica e saggezza antica", in AA.VV., *Filosofia praticata. Su consulenza filosofica e dintorni*, Trapani, Di Girolamo, 2008
- *Questioni di vita, questioni di filosofia*, Milano, Lampi di Stampa, 2010

Dordoni P., *Il Dialogo Socratico. Una sfida per un pluralismo sostenibile*, Milano, Apogeo, 2009

Ferraro G.:
- *Filosofia in carcere*, Napoli, Filema, 2006
- *Filosofia fuori le mura*, Napoli, Filema, 2010

Frega R., "Considerazioni preliminari sulla pratica filosofica e sulla filosofia come pratica", in *Discipline Filosofiche*, a. XV, n.1, 2005, pp. 5-22

Galimberti U.:
- "Se un filosofo ti prende in cura", in *La Repubblica*, 15 dicembre 2004
- *La casa di Psiche. Dalla psicoanalisi alla pratica filosofica*, Milano, Feltrinelli, 2005

Galimberti U., Perissinotto L., Rossi A. (a cura di), *Tra il dire e il fare. Saggi e testimonianze sulla consulenza filosofica*, Milano, Mimesis, 2011

Galimberti U., Vitullo A., "Discussione sulla consulenza filosofica", in *aut aut*, n. 332, ottobre- dicembre 2006, pp. 39-66

Giacometti G.:
- "La consulenza filosofica come professione, Aporetica di un'attività complessa", in *Phronesis – Semestrale di filosofia, consulenza e pratiche filosofiche*, a. IV, n. 7, 2006, pp. 38-99
- "Una professione impossibile?" in AA.VV., *Filosofia praticata. Su consulenza filosofica e dintorni*, Trapani, Di Girolamo, 2008, pp. 93-106
- (a cura di), *Sofia e Psiche. Consulenza filosofica e psicoterapie a confronto*, Napoli, Liguori, 2010

Grassi P., "Filosofia per tutti o pratica filosofica?", in *HOD*, n. 29, febbraio 2004

Grassi P., Pollastri N., Volpone A., "Pratiche Filosofiche, una bibliografia ragionata", in *Kykèion*, 8, 2002

Grimes P., Uliana R., *Philosophical Midwifery: A New Paradigm for Understanding Human Problems with Its Validation*, Costa Mesa, California, Hyparxis Press, 1998

Gutknecht T., "La consulenza filosofica in Germania", in *Phronesis – Semestrale di filosofia, consulenza e pratiche filosofiche*, a. IX n.16 (2011), pp. 39- 46

Harteloh P., "Le competenze del counselor filosofico", in *Phronesis – Semestrale di filosofia, consulenza e pratiche filosofiche*, a. IX n.16, 2011, Ipoc Milano, pp15-30

Kurotschka V. G., Cacciatore G. (a cura di), *Saperi umani e consulenza filosofica*, Roma, Meltemi, 2007

Lahav R.:
- *Comprendere la vita*, Milano, Apogeo 2004
- "Consulenza filosofica come filosofia speculativa", in *Phronesis*, a. III, n. 4, aprile 2005, pp. 33-46
- "Contributo per un ripensamento critico della filosofia pratica (riflessioni I-V)" in *Phronesis*, a. IV, n. 6, aprile 2006, pp. 9-34
- "Contributo per un ripensamento critico della filosofia pratica (riflessioni VI-X)" in *Phronesis*, a. IV, n. 7, ottobre 2006, pp. 9-34
- "Contributo per un ripensamento critico della filosofia pratica (riflessioni XI-XV)" in *Phronesis*, a. V, n. 8, aprile 2007, pp. 9-40

- "Contributo per un ripensamento critico della filosofia pratica (riflessioni XVI-XXI)", in *Phronesis*, a. V, n. 9, ottobre 2007, pp. 11-44
- "Philosophical Practice: Have we gone far enough?", in *Practical Philosophy*, vol. 9.2, July 2008, pp. 13-20
- *Oltre la filosofia*, Milano, Apogeo, 2010

Lahav R., Tillmanns M. (a cura di), *Essays on Philosophical Counseling*, New York, University Press, 1995

Le Bon T.:
- *Wise Therapy*, London Continuum, 2001
- "Consulenza filosofica: una visione personale", in *Pratiche filosofiche*, a. I, n. 1, aprile 2003, pp. 37-45
- "Personal development through Philosophy", in *Practical Philosophy*, vol. 9.2, July 2008, pp. 91-94

Longo R., Miccione D.(a cura di), *Vivere con filosofia. La consulenza come pratica*, Acireale-Roma, Bonanno, 2006

Madera R.:
- "L'inventario e la traduzione. Psicologia analitica e pratica filosofica", in *Rivista di psicologia analitica*, n.s. n. 16 68/2003 pp.127-143
- "Per una filosofia biografica: appunti di un praticante", in *Pratiche filosofiche*, a. I, n. 1, aprile 2003, pp. 9- 14
- *Il nudo piacere di vivere. La filosofia come terapia dell'esistenza*, Milano, Mondadori, 2006
- "Le pratiche filosofiche come pratiche formative", in *Adultità*, n. 27, marzo 2008, pp. 162-172
- "Le pratiche filosofiche in-contro al mondo", in *Filosofare. Quaderni di pratica filosofica*, a. 2009, n. 2, pp. 57-67

Madera R., Tarca L. V., *La filosofia come stile di vita*, Milano, Bruno Mondadori, 2003

Mapelli M, "La conversazione biografica come pratica filosofica", in *Adultità*, n. 27, marzo 2008, pp. 101-110

Marinoff L.:
- *Platone è meglio del Prozac*, Casale Monferrato, Piemme 2001
- *Philosophical Practice*, New York, Academic Press, 2001
- *Le pillole di Aristotele*, Casale Monferrato, Piemme, 2003

Martini M. L., Mignone A., *Paideia. Pratiche filosofiche come pratiche educative*, Napoli, Liguori, 2011

Miccione D.:
- *La consulenza filosofica*, Milano, Xenia, 2007
- "Sulla specificità della consulenza filosofica in Italia", in AA.VV., *Filosofia praticata. Su consulenza filosofica e dintorni*, Trapani, Di Girolamo, 2008, pp. 9-20
- "Quattro glosse sulla pratica della pratica filosofica", *Phronesis*, a. VII, n. 13, ottobre 2009, Ipoc, Milano, pp. 9-28
- *Ascetica da tavolo. Pensare dopo la svolta pratica*, Milano, Ipoc, 2012

Montanari M.:
- "La consulenza filosofica come esperienza di formazione", in *Phronesis* – Semestrale di filosofia, consulenza e pratiche filosofiche, a. II, n. 3, 2004, pp. 9-20
- (a cura di), *Consulenza filosofica: terapia o formazione?*, Chiaravalle, L'orecchio di Van Gogh, 2005
- "Il pluriverso delle consulenze filosofiche", in *Adultità*, n. 27, marzo 2008, pp. 57-70
- "In che senso la consulenza filosofica è una relazione di cura", in AA.VV., *Filosofia praticata. Su consulenza filosofica e dintorni*, Trapani, Di Girolamo, 2008, pp. 81-92
- "Aspetti politici della consulenza filosofica" in *Phronesis*, a. VI, n. 11, ottobre 2008, pp. 9-22
- *Hadot e Foucault nello specchio dei greci*, Milano, Mimesis, 2009
- *La filosofia come cura. Percorsi di autenticità* (2007), Milano, Mursia, 2012

Nave L., "L'arte del counseling quale propedeutica al filoso-fare", in *Rivista Italiana di Counseling Filosofico*, n.3 e 4, 2007-2008

Nave L., Bisollo M., *Filosofia del benessere. La cura dei pensieri e delle emozioni*, Milano, Mimesis, 2010

Pilutti R., *L'uomo e l'altro. Le ragioni di un progetto di consulenza filosofica*, Pordenone, Edizioni Episteme, 2010

Polednitschek T., "Consiglio filosofico e consulenza filosofica: una preoccupante confusione", in *Phronesis* – Semestrale di filosofia, consulenza e pratiche filosofiche», a. IX, n.16, 2011, Milano, Ipoc, pp. 31-38

Poli N., *Vite contro vento*, Milano, Ipoc, 2012

Pollastri N.:

- "Gerd Achenbach e la fondazione della pratica filosofica", in *Maieusis*, 1, 2001
- "La consulenza filosofica. Breve storia di una disciplina atipica", in *Intersezioni*, a. XXI, n.1, aprile 2001, pp. 175-195
- "Osservazioni per una definizione della consulenza filosofica", in *Kykéion*, 8, 2002
- "La consulenza filosofica tra metodo e saggezza", in *Intersezioni*, 1, 2003
- *Il pensiero e la vita*, Apogeo, Milano, 2004
- "Razionalità del sentimento e affettività della ragione. Appunti sulle condizioni di possibilità della consulenza filosofica", in *Discipline Filosofiche*, a. XV, n.1, 2005, pp. 79-112
- "In consulenza da un filosofo, per dar senso al racconto dell'esistenza", in Montanari M. (a cura di), *Consulenza filosofica: terapia o formazione?*, cit.
- "Un primo 'manuale' per l'apprendista consulente filosofico", introduzione a P. Raabe, *Teoria e pratica della consulenza filosofica*, Milano, Apogeo, 2006, pp. XV-XL
- "Il consulente filosofico di quartiere", *aut aut*, n. 332, ottobre-dicembre 2006, 86-122
- "Daniele. Una relazione di consulenza", *aut aut*, n. 332, ottobre-dicembre 2006, pp. 123-143
- *Consulente filosofico cercasi*, Apogeo, Milano, 2007
- "'Teoria pratica' e palle di biliardo. La consulenza filosofica come mappatura dell'esistenza", in Bernardi W., Massaro D. (a cura di), *La cura degli altri. La filosofia come terapia dell'anima*, cit.
- "Un estraneo in famiglia. Sulla relazione tra consulenza filosofica e psicoanalisi", in *Giornale storico del Centro Studi di psicologia e letteratura*, vol. 4, aprile 2008, fascicolo 6, pp. 181-213
- "Filosofia, nient'altro che filosofia", in AA.VV., *Filosofia praticata. Su consulenza filosofica e dintorni*, Trapani, Di Girolamo, 2008, pp. 21-34
- "La filosofia è una pratica filosofica? Per una più precisa classificazione delle attività filosofiche extra muros", in F. Coniglione (a cura di), *Interpretare, vivere, con-filosofare. Studi in memoria di Rosaria Longo*, Acireale-Roma, Bonanno, 2010

- "Limiti della psicoanalisi e prospettive della Praxis filosofica. Osservazioni sulle pagine di Elvio Fachinelli", in Pirillo N.(a cura di), *Elvio Fachinelli e la domanda della Sfinge. Tra psicoanalisi e pratiche filosofiche*, Napoli, Liguori, 2010

Pollastri N., Miccione D., *L'uomo è ciò che pensa*, Trapani, Di Girolamo, 2008

Poma A., "La consulenza filosofica", in *Kykéion*, 8, 2002

Possamai T., *Consulenza filosofica e postmodernità. Una lettura critica*, Roma, Carocci, 2011

Raabe P. B.:
- "Il rapporto tra consulenza filosofica e psicoterapie", in *Pratiche filosofiche*, a. 1, n. 2, ottobre 2003, pp. 33-39
- *Teoria e pratica della consulenza filosofica*, Milano, Apogeo, 2006

Randazzo G., *La svolta della filosofia. Consulenza filosofica e relazioni di aiuto*, Genova, Cieffepi edizioni, 2008

Regina L.:
- *Consulenza filosofica: un fare che è pensare*, Milano, Unicopli, 2006
- "Consulenza filosofica come alleanza con i concetti", in AA.VV., *Filosofia praticata. Su consulenza filosofica e dintorni*, Trapani, Di Girolamo, 2008, pp. 69-80

Rochelle G., "Dare to be Wise: Exchanging the Word. A new Philosophical Practice", in *Practical Philosophy*, vol. 9.2, July 2008, pp. 21-44

Rovatti P. A.:
- *Consulenza filosofica e gioco*, in *MA Rivista filosofica on line*, n. 3, 2005
- *La filosofia può curare? La consulenza filosofica in questione*, Milano, Raffaello Cortina Editore, 2006
- "Dove sta e chi è il consulente filosofico", in *aut aut*, n. 332, ottobre-dicembre 2006, pp. 27-38
- (a cura di), *Consulente e filosofo*, Milano, Mimesis, 2010

Ruschmann E., *Consulenza filosofica. Prima parte*, Messina, Armando Siciliano Editore, 2004

Santi M., *Philosophy for children: un curricolo per imparare a pensare*, Napoli, Liguori, 2006

Sautet M., *Socrate al caffè,* Milano, Ponte alle Grazie, 1997

Schuster S., *La pratica filosofica*, Milano, Apogeo, 2006

Sesino L., "La consulenza filosofica nell'ambito delle cure di fine vita", in AA.VV., *Filosofia praticata. Su consulenza filosofica e dintorni*, Trapani, Di Girolamo, 2008, pp. 107-122

Tarca L. V.:
- "La filosofia come pratica 'sapienziale'", in *Pratiche filosofiche*, a. 1, n. 2, 2003, pp.11-19
- "Dalla filosofia pratica alle pratiche filosofiche", in *Adultità*, n. 27, marzo 2008, pp. 18-29

Traversa G., *Identità etica. Questioni di storiografia filosofica e di consulenza filosofica*, Manifestolibri, Roma, 2008

Veening E. O., "Due radici, due frutti", in *Pratiche Filosofiche*, a. 1, n.2, 2003, pp. 64-70

Vegleris E.:
- *Manager con la filosofia*, Milano, Apogeo, 2008
- *La consultation philosophique. L'art d'éclairer l'existence*, Paris, Eyrolles, 2010

Volpone A.:
- "Pratiche filosofiche, forme di razionalità, modi del filosofare contemporaneo", in *Kykéion*, n. 8, a. 2000, pp. 17-36
- "Oltre le pratiche filosofiche", in *Pratiche filosofiche*, a. I, n. 1, aprile 2003, pp. 11- 25
- "Dall'epistemologia della pratica alla filosofia in quanto pratica", in *Discipline Filosofiche*, a. XV, 2005, n.1, pp. 23-54

Von Morstein P., "Wittgenstein e i metodi filosofici come terapia", in *Phronesis*, a. VI, n. 11, ottobre 2008, pp. 23-52

Wortel E., Verweij D., "Inquiry, criticism and Reasonabless: Socratic Dialoque as a Research method?", in *Practical Philosophy*, vol. 9.2, July 2008, pp. 54-72

Zampieri S.:
- *L'esercizio della filosofia*, Milano, Apogeo, 2007
- "La consulenza filosofica come esercizio", in AAVV, *Filosofia praticata. Su consulenza filosofica e dintorni*, Trapani, Di Girolamo, 2008, pp. 59-68
- "I temi della consulenza filosofica. Un'indagine", in *Phronesis* – Semestrale di filosofia, consulenza e pratiche filosofiche, a. VII, n. 13, ottobre 2009, Milano, Ipoc, pp. 29-44

- "La chiave della saggezza e della virtù nel colloquio filosofico", in *Phronesis – Semestrale di filosofia, consulenza e pratiche filosofiche, a. VII, n. 12, aprile 2009, Milano, Ipoc, pp. 12-27
- *Introduzione alla vita filosofica. Consulenza filosofica e vita quotidiana*, Milano, Mimesis, 2010
- "Una somiglianza di famiglia. Psicologia Umanistica e Consulenza Filosofica", in G. Giacometti (a cura di), *Sofia e Psiche. Consulenza filosofica e psicoterapie a confronto*, cit,. pp. 113-140
- "Pratiche filosofiche nella scuola per adulti", in Martini M. L., Mignone A., *Paideia. Pratiche filosofiche come pratiche educative*, cit., pp. 75-98
- *La consulenza filosofica spiegata a tutti*, Milano, Ipoc, 2011
- *Alberto Savinio e la filosofia. Materiali per una vita filosofica*, Milano, Ipoc, 2011
- (a cura di), *Sofia e Polis. Pratica filosofica e agire politico*, Napoli, Liguori, 2012

Zampieri S., Pollastri N., Miccione D., Giacometti G., "Tavola rotonda su 'Pratica Filosofica e scrittura'", in *Phronesis – Semestrale di filosofia, consulenza e pratiche filosofiche*, Anno VII, numero 13, Ottobre 2009, Milano, Ipoc, pp. 47-72

Zanella C. (a cura di), *Sofia e Agape. Pratiche filosofiche e attività pastorali a confronto*, Napoli, Liguori, 2012

B) Altri testi

Adorno T. W., *Terminologia filosofica*, Torino, Einaudi, 2007
Apel K.-O.:
- *Comunità e comunicazione*, Rosenberg & Sellier, Torino 1977
- *Etica della comunicazione*, Milano, Jaca Book, 1992
Arendt H., *La vita della mente*, Bologna, Il Mulino, 1987
Aristotele:
- *Etica Nicomachea*, Milano, Rusconi, 1979
- *Metafisica*, Milano, Rusconi, 1993
Atkinson R., *L'intervista narrativa*, Milano, Raffaello Cortina, 2002
Austin J. L., *Come fare cose con parole*, Genova-Milano, Marietti, 1987
Baccarini E., *La soggettività dialogica*, Roma, Aracne, 2002

Stefano Zampieri

Bauman Z., *La solitudine del cittadino globale*, Milano, Feltrinelli, 2008
Berlin I., *Quattri saggi sulla libertà*, Milano, Feltrinelli, 1989
Bourdieu P., *Ragioni pratiche*, Bologna, Il Mulino, 2009
Buber M., *Il principio dialogico*, Milano, San Paolo, 1993
Calogero G., *Filosofia del dialogo*, Milano, Edizioni di Comunità, 1969
Calvo V., *Il colloquio di counseling*, Bologna, Il Mulino, 2007
Cantù P., Testa I., *Teorie dell'argomentazione. Un'introduzione alle logiche del dialogo*, Milano, Bruno Mondadori, 2006
Cartesio, *Discorso sul metodo*, Milano, Mursia, 1972
Del Corno F., Lang M. (a cura di), *La relazione con il paziente. Incontro con il paziente, colloquio clinico, restituzione*, Milano, Franco Angeli, 1989
Demetrio D., *Raccontarsi. L'autobiografia come cura di sé*, Milano, Cortina, 1995
Ebner F., *Proviamo a guardare al futuro*, Brescia, Morcelliana, 2009
Foucault M., *Ermeneutica del soggetto*, Milano, Feltrinelli, 2003
Gadamer H. G.:
- *Verità e metodo*, Milano, Bompiani, 1983
- *Dove si nasconde la salute*, Milano, Cortina, 1994
Galilei G., *Dialogo dei massimi sistemi*, Pordenone, Studio Tesi, 1988
Galimberti U., *L'ospite inquietante*, Milano, Feltrinelli, 2007
Goffman E., *La vita quotidiana come rappresentazione*, Bologna, Il Mulino, 1969
Habermas J.:
- *Etica del discorso*, Roma-Bari, Laterza, 1989
- *Teoria dell'agire comunicativo*, Bologna, Il Mulino, 1997
- *La condizione intersoggettiva*, Roma-Bari, Laterza, 2007
Hadot P.:
- *La cittadella interiore. Introduzione ai Pensieri di Marco Aurelio*, Milano, Vita e Pensiero, 1997
- *Esercizi spirituali e filosofia antica*, Torino, Einaudi, 2005
- *La filosofia come modo di vivere*, Torino, Einaudi, 2008
Heidegger M.:
- *In cammino verso il linguaggio*, Milano, Mursia, 1973
- *Essere e tempo*, e *L'essenza del fondamento*, Torino, Utet, 1978
- *Tempo ed essere*, Napoli, Guida, 1980

- "Identità e differenza", in *aut aut*, a. 1982, n. 187-188
- *Concetti fondamentali della metafisica*, Genova, Il melangolo, 1999

Kant I., *Risposta alla domanda: che cos'è l'illuminismo?* in *Scritti politici*, Milano, Mondadori, 2009

Iacona A., *L'argomentazione*, Torino, Einaudi, 2005

Ivey A. e Bradford Ivey M., *Il colloquio intenzionale e il counselling*, Roma, Las, 2004

Jaspers K., *Piccola scuola del pensiero filosofico*, Milano, Guanda, 2006

Jonas H., *Il principio responsabilità. Un'etica per la civiltà tecnologica*, Torino, Einaudi, 2002

Krakauer S., *Sull'amicizia*, Genova, Marietti, 1989

Kuhn H., *La struttura delle rivoluzioni scientifiche*, Torino, Einaudi, 1999

La Mendola S., *Centrato e aperto. Dare vita a interviste dialogiche*, Torino, UTET, 2009

Larmore C., *Pratiche dell'io*, Roma, Meltemi, 2006

MacIntyre A.:
- *Animali razionali dipendenti*, Milano, Vita e Pensiero, 2001
- *Dopo la virtù. Saggio di teoria morale*, Roma, Armando, 2007

Mancuso V., *La vita autentica*, Milano, Raffaello Cortina, 2009

Marcel G., *Homo viator*, Roma, Borla, 1980

Marcuse H., *L'uomo a una dimensione*, Milano, 2008

Martini M. L., *Orizzonte e linguaggio. I confini dell'esperienza del mondo nel pensiero di Hans-Georg Gadamer*, Milano, Mursia, 2006

Montaigne, *Saggi*, Milano, Adelphi, 1992

Mortari L., *A scuola di libertà. Formazione e pensiero autonomo*, Milano, Cortina, 2008

Mucchielli R., *Apprendere il counseling. Manuale di autoformazione al colloquio di aiuto*, Trento Erickson, 1987

Nietzsche F., *Epistolario (1865-1900)* a cura di B. Allason, Torino, Einaudi, 1962

Nussbaum M., *L'intelligenza delle emozioni*, Bologna, Il Mulino, 2004

Papi F., *Capire la filosofia*, Como-Pavia, Ibis, 1993

Petit P., *Trattato di funambolismo*, Milano, Ponte alle Grazie, 2009

Platone, *Tutti gli scritti*, Milano, Bompiani, 2000

Pombeni M. L., *Il colloquio di orientamento*, Roma, La Nuova Italia Scientifica, 1996

Rawls J., *Una teoria della giustizia*, Milano, Feltrinelli, 2008

Rogers C., *La terapia centrata-sul-cliente*, Milano, Martinelli, 1970

Ricoeur P., *Percorsi del riconoscimento*, Milano, Cortina, 2005

Rorty R.:
- *Scritti filosofici*, Roma-Bari Laterza, 1994
- *La filosofia dopo la filosofia*, Roma-Bari, Laterza, 2001
- *La filosofia e lo specchio della natura*, Milano, Bompiani, 2004

Ruggenini M., *Dire la verità*, Genova-Milano, Marietti, 2006

Sartre J.-P.:
- *L'essere e il nulla*, Milano Il saggiatore, 1965
- *L'esistenzialismo è un umanesimo*, Milano, Mursia, 1978

Schopenhauer A., *Parerga e paralipomena*, Milano, Adelphi, 1981

Searle J., *Atti linguistici. Saggio di filosofia del linguaggio*, Torino, Bollati Boringhieri, 2009

Sellars W., *Empirismo e filosofia della mente*, Torino, Einaudi, 2004

Semi A. A., *Tecnica del colloquio*, Milano, Raffaello Cortina, 1985

Seneca, *Tutti gli scritti*, Milano, Rusconi, 1994

Sini C.:
- *Filosofia teoretica*, Milano, Jaca Book, 1992
- *L'analogia della parola. Filosofia e metafisica*, Milano, Jaca Book, 2004

Spano M., Vinci D., *L'uomo e la parola. Pensiero dialogico e filosofia contemporanea*, Trapani, Il pozzo di Giacobbe, 2007

Steiner G., *Grammatiche della creazione*, Milano, Garzanti, 2003

Trentini G. (a cura di), *Manuale del colloquio e dell'intervista*, Milano, Isedi-Mondadori, 1980

Vlastos G., *Studi socratici*, Milano, Vita e Pensiero, 2003

Volli U., *Lezioni di filosofia della comunicazione*, Roma-Bari, Laterza, 2008

Watzlawick P., Helmick Beavin J., Jackson D., *Pragmatica della comunicazione umana*, Roma, Astrolabio, 1971

Zambrano M., *Verso un sapere dell'anima*, Milano, Cortina, 1996

Lightning Source UK Ltd.
Milton Keynes UK
UKOW052045250113

205358UK00001B/17/P